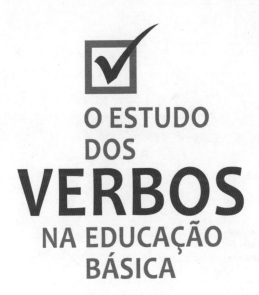

O ESTUDO DOS VERBOS NA EDUCAÇÃO BÁSICA

Conselho Acadêmico
Ataliba Teixeira de Castilho
Carlos Eduardo Lins da Silva
Carlos Fico
Jaime Cordeiro
José Luiz Fiorin
Tania Regina de Luca

Proibida a reprodução total ou parcial em qualquer mídia sem a autorização escrita da editora.
Os infratores estão sujeitos às penas da lei.

A Editora não é responsável pelo conteúdo deste livro.
O Autor conhece os fatos narrados, pelos quais é responsável, assim como se responsabiliza pelos juízos emitidos.

Consulte nosso catálogo completo e últimos lançamentos em **www.editoracontexto.com.br**.

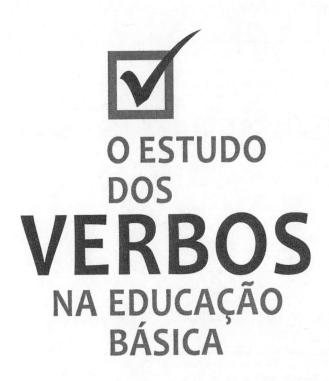

O ESTUDO DOS VERBOS NA EDUCAÇÃO BÁSICA

Celso Ferrarezi Junior

Copyright © 2014 do Autor

Todos os direitos desta edição reservados à
Editora Contexto (Editora Pinsky Ltda.)

Montagem de capa e diagramação
Gustavo S. Vilas Boas

Preparação de textos
Flávia Portellada

Revisão
Karina Oliveira

Dados Internacionais de Catalogação na Publicação (CIP)
(Câmara Brasileira do Livro, SP, Brasil)

Ferrarezi Junior, Celso
O estudo dos verbos na educação básica /
Celso Ferrarezi Junior. – 1. ed., 3ª reimpressão. –
São Paulo : Contexto, 2025.

Bibliografia.
ISBN 978-85-7244-861-1

1. Educação básica 2. Linguística aplicada
3. Português – Estudo e ensino 4. Português – Gramática
5. Português – Verbos I. Título.

14-05388   CDD-469.07

Índice para catálogo sistemático:
1. Verbos : Português : Estudo e ensino   469.07

2025

EDITORA CONTEXTO
Diretor editorial: *Jaime Pinsky*

Rua Dr. José Elias, 520 – Alto da Lapa
05083-030 – São Paulo – SP
PABX: (11) 3832 5838
contato@editoracontexto.com.br
www.editoracontexto.com.br

*As coisas precisam fazer sentido na escola.
Ninguém gosta de estudar aquilo que não tem pé
nem cabeça, ou que contraria nossos conhecimentos
mais elementares sobre como a vida funciona.
Se encontrarmos formas de aproximar o conhecimento
gramatical do conhecimento que a vida nos traz,
quem sabe, um dia, nossos alunos da educação básica
ainda gostem de estudar a sua própria língua.*

Sumário

Introdução 9
Um pouco sobre os verbos 13
  O que é um verbo 14
  Como identificar um verbo 15
  Verbos simples, verbos compostos
  e expressões verbais 17
  A estrutura interna do verbo 20
    A desinência de infinitivo 20
    A vogal temática verbal e as conjugações 21
    O radical do verbo 29
    Verbos regulares e irregulares 30
    A marcação de pessoa e de número no verbo 34
    A marcação de modo e de tempo
    no verbo – os sentidos modal e temporal 40
    As formas nominais e a questão do particípio 45
    A questão da voz no verbo do PB 51
    Pronomes ligados a verbos – e também
    os verbos chamados de "reflexivos" 57

Cronologia verbal no PB 63
  Conceitos básicos 63
    O tempo – presente, passado e futuro 64
    Os três momentos: MF, MR e ME 67
    Harmonia temporal 70

Modo indicativo 71
O agora 72
O presente 73
O passado perfeito – simples e composto 78
O passado imperfeito 80
O passado mais-que-perfeito –
simples e composto 81
O futuro do presente – simples e composto 86
O futuro do passado – simples e composto 88

Modo subjuntivo 94
O presente 95
O passado perfeito composto 96
O passado imperfeito 97
O passado mais-que-perfeito composto 98
O futuro – simples e composto 101

A forma imperativa 105
Afirmativo e negativo – simples e composto 105

Os tipos de verbo e a estrutura da frase 111

Verbos como a base da frase 112

Verbos que exigem e verbos
que não exigem sujeito 113

Verbos que exigem e verbos
que não exigem complemento 115

Verbos que fazem ligações entre
o sujeito e o complemento 118

Uma última conversa, por ora 123

Bibliografia 125

O autor 127

Introdução

O estudo dos verbos nas aulas tradicionais de língua portuguesa tem sido um martírio para a maioria dos alunos. A complexa morfologia de nosso sistema verbal e a insistência na memorização de todos os aspectos envolvidos na conjugação e no uso dos verbos – isso na forma de pretensas "regras gramaticais" – tornam esse estudo cansativo, enfadonho e desestimulante. Há, porém, uma boa notícia a ser contada.

O verbo da língua que falamos, a palavra verbal, é muito mais fácil de se entender do que parece e não demanda um enorme conjunto de regras gramaticais ou especulações filológicas para que seja compreendido. Infelizmente, essa não parece ser a realidade de muitas de nossas escolas, que insistem em adotar ultrapassadas posições dogmáticas e nada científicas da tradição gramatical brasileira. Uma pena! Estudar o verbo – o que deveria ser um prazer para os alunos, pois é parte importantíssima da língua falada cotidianamente – acabou se tornando um exercício pouco salutar e nada interessante, de dogmatismo gramatical injustificável. Os alunos, em sua quase totalidade, odeiam, e o país é prejudicado. Precisamos mudar isso, e logo!

O fato é que, embora os Parâmetros Curriculares Nacionais (PCN) para a educação básica (que são de 1996) preconizem que o estudo sistemático da gramática somente deva ser iniciado depois que as crianças dominarem as quatro habilidades básicas da comunicação (ler, escrever, ouvir e falar), o que ocupa efetivamente os primeiros cinco anos de estudo, nossas escolas continuam ministrando abstrações gramaticais desde os momentos iniciais. No princípio do processo de letramento já se fala de "classes de palavras" e, muitas vezes, de forma equivocada. Dentro desse tema geral, também se fala de "verbos" sem a devida clareza, o que assusta os alunos.

Há um verdadeiro "trauma escolar nacional" em função do estudo dos verbos. Possivelmente, essa dificuldade acentuada e bloqueante se dê em consequência da distância entre o que as gramáticas normativas dizem que *deveria ser* a conjugação e o uso de algumas formas verbais de aquilo que se pratica no cotidiano dos falantes. Essa distância parece fascinar alguns professores e aterrorizar os alunos. Com essa prática tão disseminada, o ensino dos verbos se transforma em uma espécie de jogo mórbido de conhecimento inacessível. De forma triste e notória, constata-se que os aspectos mais interessantes e mais importantes acerca dessa palavra, como compreender os sentidos de cada tempo e as relações entre as formas verbais e suas possibilidades de uso, normalmente acabam nunca sendo ensinadas aos alunos.

Hoje, a Linguística nos mostra que somente com base na memorização de parte da morfologia verbal o estudo desse tema fica enfadonho e absolutamente desinteressante para os alunos de nível básico. As aulas e as tarefas viram uma espécie de "castigo escolar". E a sentença "eu nunca aprendi verbo na vida", tão repetida por muitos é, disso tudo, só uma decorrência natural.

Este livro foi concebido como um manual de ajuda para o professor da educação básica sobre *o que explicar a respeito de verbos, como abordar cada tema* e *como exercitar isso* com seus alunos de maneira a permitir que esse conteúdo faça algum sentido para eles. Para facilitar a transição entre o conhecimento tradicional e a realidade linguística, mostra-se, sistematicamente, uma comparação entre o conhecimento das gramáticas normativas e aquele que temos das experiências com nossa própria língua. Ou seja, compara-se, o tempo todo, o que as gramáticas tradicionais dizem com aquilo que usamos no dia a dia, no intuito de permitir ao aluno *acrescentar* e não *substituir saberes* já adquiridos (embora, muitas vezes, inúteis) por outros saberes.

Além disso, é um livro de grande objetividade e simplicidade, sem qualquer tipo de rodeio teórico desneces-

O estudo dos verbos na educação básica

sário, o que facilita a compreensão do conteúdo por parte do leitor e sua aplicação direta com os alunos. Também são apresentadas dicas pedagógicas e sugestões de atividades para que os alunos de todas as idades possam trabalhar e compreender os verbos sem traumas escolares. Afinal, os verbos e sua aparente complexidade pertencem ao que há de mais bonito e interessante em nossa língua. Por que, então, isso não deveria fazer sentido ou ser agradável para nossos alunos?

Um pouco sobre os verbos

Para iniciar nossa trajetória neste tema, ou seja, para que possamos saber *o quê, quando, por quê* e *como* estudar verbos, é preciso saber o que é um verbo, não é mesmo? Entender o objeto de nosso estudo é um bom começo. Mas como um verbo é uma *categoria lexical*, ou seja, um tipo de palavra de nossa língua (o *português brasileiro* (PB) ou, simplesmente, *brasileiro*) temos que saber que a definição dos tipos de palavras de uma língua é um assunto para a Morfologia (que é o estudo das palavras, de suas partes e classificações). Assim, se estudar verbos é um procedimento relativo à morfologia da língua, precisamos de *critérios morfológicos* para definir o que é um verbo.

A confusão que os alunos fazem para descobrir o que é um verbo se dá, basicamente, porque as gramáticas tradicionais querem defini-los usando critérios ora semânticos (de sentido) ora referenciais (explicando as palavras a partir das coisas que elas representam, como "o verbo é uma ação ou um estado"), que deixam os alunos confusos, pois há outras palavras que não são verbos e também falam de ações ou estados. Se formos capazes de estabelecer critérios morfológicos para definir o verbo, a classificação vai ficar bem mais fácil.

Depois de descobrir o que é um verbo, vamos estudar algumas das suas características básicas na nossa língua, como a estrutura interna, os tipos classificatórios e como eles se relacionam com os pronomes, que são palavras intimamente ligadas ao verbo.

O que é um verbo

A forma mais simples de explicar para um aluno da educação básica o que é um verbo no PB é: *o verbo é a única palavra que pode ser modificada para expressar mudanças em relação ao tempo.*

Observe que não se afirmou aqui que "só o verbo expressa a ideia de tempo". Há muitas palavras em nossa língua que expressam tal ideia (como *hoje, ontem, amanhã, agora, nunca* etc.) e que não são verbos. Mas note que nenhuma destas palavras se modifica para expressar mudanças de tempo, indicando, por meio de uma mesma palavra (embora modificada) ideias de presente, passado ou futuro, como ocorre, por exemplo, em *ando, andei, andarei*. Apenas o verbo faz isso.

Se o aluno for mais avançado (lá pelo 7º ou 8º ano, por exemplo), já deve ter aprendido o que é *flexão*, ou seja, a modificação de uma palavra por meio de **desinências**. Então, você já pode dizer que "*o verbo é a única palavra que pode ser flexionada em tempo*".

> Atenção! Apenas *desinências* permitem a flexão. O que se faz com *afixos* é derivação, embora alguns autores insistam em falar de "sufixos verbais".

O aluno pode, facilmente, testar isso com os conhecimentos básicos que tem sobre a língua:

- João *canta* bem./ João *cantava* bem./ João *vai cantar* bem um dia.

Observe que, nas duas primeiras frases, o verbo é formado por uma só palavra, que se modifica do presente para o passado. No terceiro exemplo, o verbo é formado por duas palavras, e a primeira delas é que se modifica, que se flexiona. Isso é um padrão da língua, como veremos em detalhes adiante.

Como identificar um verbo

Identificamos os verbos fazendo testes de flexão. Pedimos aos alunos que verifiquem, em textos fornecidos,

O estudo dos verbos na educação básica

quais são as palavras que podem ser modificadas em relação ao tempo? Por exemplo, em um texto como este:

- João <u>acabou</u> com todos os doces da geladeira de sua casa. A mãe dele não <u>está</u> nada contente, porque <u>proibiu</u> o rapaz de <u>comer</u> doce antes do almoço. Um dia ele ainda <u>fica</u> de castigo por isso.

apenas as palavras sublinhadas podem ser alteradas em relação ao tempo:

- acabou, acaba, vai acabar etc.
- está, estava, estaria etc.
- proibiu, proibia, ia proibir etc.
- comer, comia, comesse etc.
- fica, ficava, ficou etc.

Note como a palavra "casa" merece atenção. Quando ela está funcionando como verbo, pode ser modificada em relação ao tempo (casa, casei, ia casar etc.), mas, aqui no texto, ela está atuando como nome. Nesse caso, não tem sentido uma modificação em relação ao tempo.

Outra coisa importante é ensinar que o verbo nunca varia em gênero, ou seja, em masculino ou feminino, pois isso é uma característica privativa das palavras nominais na nossa língua. Exemplos como os seguintes, que têm sido tradicionalmente tratados como verbos no particípio, na

Um pouco sobre os verbos

verdade são exemplos de adjetivos. Veja como as palavras sublinhadas têm flexão de gênero:

- O menino foi <u>achado</u> pelo pai./ A menina foi <u>achada</u> pelo pai.
- O boleto tinha sido <u>pago</u> pelo homem./ A conta tinha sido <u>paga</u> pelo homem.
- O seminário está <u>preparado</u>./ A apresentação está <u>preparada</u>.

Por ora, não se preocupe muito com o particípio, pois vamos estudar essa questão com detalhes mais adiante.

Verbos simples, verbos compostos e expressões verbais

Em nossa língua, ocorrem verbos em três tipos de construções mórficas: *simples, locuções* e *expressões*.

Verbos simples, como o nome procura representar, são aqueles que aparecem na forma de uma só palavra:

- João <u>cantou</u> a filha do vizinho.
- Maria <u>sabia</u> bem a história.
- Todo mundo <u>queria</u> um pouco mais de comida.

Verbos em *locução*, também chamados de *verbos compostos*, são aqueles que aparecem na forma de duas palavras

O estudo dos verbos na educação básica

verbais funcionando como se fossem apenas uma. Nesse caso, apenas a primeira delas (chamada de _verbo auxiliar_) é que se modifica, se flexiona. A segunda palavra da locução (chamada de _verbo principal_) está sempre em uma forma fixa.

- Eu <u>vou cantar</u> na próxima apresentação do coral da escola.
- Porém, não <u>tinha cantado</u> muito bem nos ensaios do mês passado.
- Então, o maestro <u>havia feito</u> uma nova composição do coro.
- Mas, como agora <u>estou cantando</u> legal de novo, voltei para o grupo titular e estou bem feliz!

Repare que, na locução, é o verbo auxiliar que passa mais a ideia de tempo (por isso é chamado de auxiliar, pois tem uma função "mais gramatical") e o verbo principal passa mais a ideia essencial do verbo (por isso é chamado de principal, pois tem função mais semântica, mais ligada à essência do sentido da locução). Porém, não se pode deixar de notar que os verbos auxiliares também têm uma participação na ideia geral da locução. Veja que "podia cantar" tem um sentido muito diferente de "devia cantar" ou de "ia cantar".

Entretanto, nossa língua não tem verbos específicos para todos os eventos que acontecem no mundo. Aliás, nenhuma língua tem. Então, foram criadas algumas combinações de palavras que nem sempre são apenas verbais, mas acabam funcionando como um único verbo. Veja, por

Um pouco sobre os verbos

---

exemplo, uma ação como "subir escada": não temos um verbo para isso. Então, a língua acaba recorrendo a "subir escada" como sendo apenas um verbo e trata isso, na frase, como se fosse um verbo. Da mesma forma, temos uma expressão interessante que é "ser que" (normalmente, ocorre como "foi que" e "é que"). Essa expressão usa o verbo "ser" com um sentido muito especial, um uso desse verbo sem sujeito, o que é bem raro em nossa língua. Ela aparece em frases como:

- Aí <u>foi que</u> o cara chegou.
- Não <u>é que</u> ele foi reprovado de novo?
- Ele bebeu e, então, <u>foi que</u> ele bateu o carro.

Observe como, nesses exemplos, o verbo tem um complemento, mas não tem sujeito, e isso é bem interessante para o verbo *ser*:

- Aí <u>foi que</u> o cara chegou. (Foi o quê? O cara chegou.)
- Não <u>é que</u> ele foi reprovado de novo? (É o quê? Ele foi reprovado de novo.)
- Ele bebeu e, então, <u>foi que</u> ele bateu o carro. (Foi o quê? Ele bateu o carro.)

Em cada um dos três casos (simples, locução ou expressão), o verbo continua mantendo sua característica morfológica de flexão em tempo, mesmo que seja apenas em uma palavra da locução ou da expressão.

A estrutura interna do verbo

Em função da necessidade de se flexionar em tempo, para indicar a ocorrência dos eventos de forma bem estabelecida na *linha do tempo*, e em número e pessoa, para concordar com o sujeito (quando este existe na frase), o verbo tem um conjunto bem interessante de pequenas partes (morfemas) que o compõem. Não é necessário, e muito menos obrigatório, estudar todas elas na educação básica; ou seja, nem toda a complexidade mórfica do verbo precisa ser tratada em detalhes pelo professor em uma classe desse nível. Vamos ver aqui, um a um, os sentidos e funções desses morfemas.

A desinência de infinitivo

A desinência de infinitivo ocorre no chamado "nome do verbo", ou seja, o infinitivo impessoal. É esse "r" final que marca justamente o fato de a palavra estar funcionando como o "nome do verbo":

- canta-r
- bebe-r
- parti-r
- pô-r

O infinitivo é uma das chamadas *formas nominais* do verbo. As formas nominais são utilizadas, normalmente, na po-

Um pouco sobre os verbos

sição dos verbos principais das locuções (*infinitivo impessoal*: vou <u>cantar</u>; *particípio*: tinha <u>cantado</u>; *gerúndio*: estou <u>cantando</u>).

A vogal temática verbal e as conjugações

A vogal temática do verbo indica qual é a conjugação em que ele é flexionado. Ou seja, ela serve para indicar qual é o conjunto de terminações (desinências) que devemos utilizar ao flexionar um verbo. No PB são quatro as vogais temáticas verbais: "a", "e", "i" e "o", formando, portanto, quatro conjugações, que são chamadas pelos sugestivos nomes de *primeira* (vogal temática "a"), *segunda* ("e"), *terceira* ("i") e *quarta* ("o"):

- cant-<u>a</u>-r
- beb-<u>e</u>-r
- part-<u>i</u>-r
- p-<u>ô</u>-r

Porém, as gramáticas tradicionais insistem em dizer que só temos três conjugações no brasileiro. Para justificar, elas recorrem – como sempre! – ao latim. Bem, em primeiro lugar precisamos acabar com essa mania de dizer – e acreditar – que o português é uma deformação do latim. Isso não tem fundamento científico algum! Outra coisa que temos que abolir urgentemente é essa ideia tola de "pureza". Que pureza? O próprio latim, conforme nos mostra Huber (1933), já era o resultado de uma mistura de seis ou mais línguas. Nem mesmo o latim era "puro" e, muito menos, uma língua sagrada ou falada por Deus, como muitos chegaram a defender. Basta disso em nossas escolas! Outra tolice que se ouve por aí é que precisamos "preservar a pureza de nossa língua e de nossa gramática". Isso não passa de conversa infantil. O PB que falamos hoje é o resultado da mistura de mais ou menos duzentas línguas! Isso mesmo: cerca de duzentas línguas, entre asiáticas, europeias, africanas e ameríndias. De que mesmo estamos falando quando mencionamos "pureza"?

Isso bem dito, ainda precisamos entender que não se pode desconsiderar, fechar os olhos ou fingir que não existe um grande conjunto de verbos terminados em "-or", que têm sido considerados pela tradição gramatical como meros derivados do verbo *pôr* (e este tratado como derivado de *ponere, poner ou poer*, dependendo do autor), como: *antepor, decompor, indispor, predispor, repor, apor, depor, justapor, pressupor, supor, compor, expor, opor, propor, transpor*, entre outros. Se isso é a "tradição", a crença corrente, então devemos analisar com mais calma os argumentos desses gramáticos.

Muitos teóricos incluem tais verbos na segunda conjugação alegando três razões principais:

a. sua etimologia, ou seja, a forma "original" do verbo, que seria uma justificativa para esquecer como a palavra é hoje e enxergar um "e" onde existe um "o";

Um pouco sobre os verbos

b. a ocorrência da vogal temática "-e" em algumas das formas flexionadas de alguns tempos;

c. a desculpa de que todos seriam, na verdade, apenas um, o verbo *pôr*, que tem formas derivadas.

Entretanto, podemos considerar outros aspectos, que contra-argumentam com estas justificativas:

a. A vogal temática de um verbo no PB é definida, como vimos, na forma do infinitivo impessoal. Retiramos a desinência do infinitivo e a vogal temática vem em seguida, como em (o radical também está destacado):

- andar → *and* + *-a* + *-r*
- vender → *vend* + *-e* + *-r*
- partir → *part* + *-i* + *-r*

Ora, por analogia (e sem preocupações antigas comprometidas com latinismos), temos:

- pôr → *p* + *-ô* + *-r*
- repor → *rep* + *-o* + *-r*
- compor → *comp* + *-o* + *-r*
- transpor → *transp* + *-o* + *-r*
- expor → *exp* + *-o* + *-r*

o que estabeleceria, obviamente, uma quarta conjugação com vogal temática "o".

O estudo dos verbos na educação básica

b. Resquícios etimológicos, ou seja, restos de palavras antigas que estão contidas em palavras atuais, são comuns nas línguas modernas. Isso não tem nada a ver com o fato de que a palavra atual é como é, nem impede uma nova classificação. Vejamos as palavras seguintes:

- herbívoro → presença do radical latino *herb-*, em vez do radical brasileiro *erv-*;
- pictórico → presença do radical latino *pict-*, em vez do radical brasileiro *pint-*;
- neurológico → presença do radical grego *neur-*, em vez do radical brasileiro *nerv-*;
- patriarca → presença do radical latino *pat-*, em vez do radical brasileiro *pai-*;

entre centenas de outros exemplos do PB. Se isso acontece nestas palavras, é natural que ocorra também em verbos. Qual é o impedimento de aceitar que há um conjunto de verbos com vogal temática "o", apenas porque ocorrem resquícios de palavras antigas em alguns tempos e algumas pessoas? Não vejo nenhum.

c. Os sentidos de *pôr*, em cada uma das palavras verbais que compõem o conjunto de verbos da quarta conjugação são muito distintos hoje em dia. Mesmo para um falante nativo, não há como fazer uma relação direta de significação entre todos os ver-

Um pouco sobre os verbos

bos desse conjunto, como se todos fossem apenas um (o verbo *pôr*, cujo sentido está próximo ao de "colocar"). Veja que esses verbos têm até derivações particulares que permitem criar outras palavras com sentidos muito diferentes, como:

- pôr → posição
- compor → composição
- supor → suposição
- repor → reposição

Quando perguntamos aos falantes de nossa língua se existe alguma relação de sentido entre os verbos em frases como:

- Preciso <u>transpor</u> essa dificuldade ainda hoje.
- Minha vontade era de <u>compor</u> uma música.
- João vai ter que <u>repor</u> o dinheiro que roubou.

ou se eles acham que todos esses verbos têm o sentido original do verbo *pôr* (parecido com "colocar"), eles dizem que nem uma coisa nem outra. Ou seja, a consciência dos falantes comprova que são realmente verbos diferentes.

Além disso, o critério da "quantidade mínima" de palavras para compor uma categoria lexical não existia nem para o latim. A quinta *declinação* latina, por exemplo, era composta de muito poucas palavras, sendo que apenas duas delas ("dies" e "res") funcionavam plenamente de acordo com os padrões da declinação. Além disso, certos numerais, como "unus", também tinham formas próprias de declinação que não se igualavam às demais cinquenta ou cem palavras "no mínimo". Essa ideia de que precisamos de um número mínimo de palavras em uma língua para criar uma categoria é realmente um grande equívoco. Ou seja, até no latim havia declinações específicas para conjuntos com muito poucas palavras. Isso acontece, entre outras razões, porque as línguas não estão preocupadas com o número de palavras que compõem um padrão ou uma categoria gramatical e simplesmente não estabelecem qualquer restrição quanto a isso. A preocupação das línguas é apenas com seu funcionamento.

> Em latim, a estrutura gramatical era muito diferente da que usamos em nossa língua. As palavras eram classificadas em grupos chamados de *declinações*, que apresentavam terminações específicas para cada função que a palavra exercia na frase. Por exemplo, se a palavra estivesse funcionando como sujeito, a terminação era uma; se estivesse funcionando como adjunto, a terminação era outra e assim por diante. Cada declinação apresentava um conjunto específico de terminações. Porém, havia declinações com muitas palavras e outras com poucas, como era o caso da quinta.

Um pouco sobre os verbos

E se os gramáticos tradicionalistas gostam tanto assim do latim, poderiam defender a quarta conjugação verbal no português, pois aquela língua também tinha quatro conjugações (com verbos terminados, no infinitivo, em *-âre, -êre, -ere e -ire*).

d. Finalmente, devemos ver que há diferenças marcantes entre as desinências utilizadas com os verbos da segunda conjugação (terminados em "-er") e as utilizadas com os verbos terminados em "-or". Se usarmos as próprias informações que aparecem nas gramáticas normativas para montar um quadro comparativo entre as desinências regulares de verbos terminados em "er" e de verbos terminados em "or", vamos ver que, até na maneira tradicional de conjugar os verbos, chamada de "culta", eles são diferentes. Mas, por ora, não se preocupe com essas terminações que vou apresentar: elas aparecem aqui para explicar a você, professor, como o sistema morfológico funciona nos verbos. Também aparecem todas as pessoas possíveis, mas apenas por enquanto. Depois veremos uma a uma, com vagar e analisando as que realmente funcionam e as que já saíram de uso. Também veremos aquilo que importa e aquilo que não importa ensinar aos alunos.

Veja os exemplos do modo indicativo, em que aparecem todas as partes do verbo separadas (radical + vogal temática + desinência modo-temporal + desinência número-pessoal). Note que as partes entre parênteses, nos

O estudo dos verbos na educação básica

quadros, são adaptações para que a palavra fique no padrão fonológico do PB, os chamados *morfemas de ligação*:

Segunda conjugação

tempo → pessoa ↓	presente	passado perfeito	passado imperfeito	passado mais- que-perfeito	futuro do presente	futuro do passado
1ª singular	vend-o	vend-i	vend-ia-Ø	vend-e-ra-Ø	vend-e-re-i	vend-e-ria-Ø
2ª singular	vend-e-s	vend-e-ste	vend-ia-s	vend-e-ra-s	vend-e-rá-s	vend-e-ria-s
3ª singular	vend-e-Ø	vend-e-u	vend-ia-Ø	vend-e-ra-Ø	vend-e-rá-Ø	vend-e-ria-Ø
1ª plural	vend-e-mos	vend-e-mos	vend-ía-mos	vend-ê-ra-mos	vend-e-re-mos	vend-e-ría-mos
2ª plural	vend-e-is	vend-e-stes	vend-íe-is	vend-ê-re-is	vend-e-re-is	vend-e-ríe-is
3ª plural	vend-e-m	vend-e-ra-m	vend-ia-m	vend-e-ra-m	vend-e-rã-o	vend-e-ria-m

Quarta conjugação

tempo → pessoa ↓	presente	passado perfeito	passado imperfeito	passado mais- que-perfeito	futuro do presente	futuro do passado
1ª singular	p-o-nho	p-u(s)-Ø	p-u-nha-Ø	p-u(s)e-ra-Ø	p-o-re-i	p-o-ria-Ø
2ª singular	p-õ-es	p-u(s)e-ste	p-u-nha-s	p-u(s)e-ra-s	p-o-rá-s	p-o-ria-s
3ª singular	p-õ-e	p-ô(s)-Ø	p-u-nha-Ø	p-u(s)e-ra-Ø	p-o-rá-Ø	p-o-ria-Ø
1ª plural	p-o-mos	p-u(s)e-mos	p-ú-nha-mos	p-u(s)é-ra-mos	p-o-re-mos	p-o-ría-mos
2ª plural	p-o-(nd)es	p-u(s)e-stes	p-ú-nhe-is	p-u(s)e-re-is	p-o-re-is	p-o-ríe-is
3ª plural	p-õ-em	p-u(s)e-ra-m	p-u-nha-m	p-u(s)e-ra-m	p-o-rã-o	p-o-ria-m

Ao olhar estas terminações, veja como a vogal temática às vezes aparece como "o", às vezes como "u" e outras, ainda, como "u(s)e" (nos passados *perfeito* e *mais-que-perfeito*). Pois é esse "e" antigo, que aparece de vez em quando, que é usado como "prova" de que o verbo é da segunda conjugação. Bem, pode até ter sido lá atrás, no tempo em que o latim existia como língua viva, pois hoje, para nós, ele é só história e informação cultural, tendo alguma utilidade linguística mesmo só no Vaticano. Mas nós não falamos nem estamos estudando o latim: falamos português brasileiro.

Sabe outra justificativa tradicionalista, embora menos comum, que se dá para essas diferenças entre as terminações?

Um pouco sobre os verbos

Dizem que os verbos em "or" são *irregulares* (vamos estudar o fato de um verbo ser irregular logo adiante e com mais detalhes), por isso eles são diferentes. Mas, se olharmos bem, eles não são irregulares, pois todos funcionam da mesma forma dentro de sua conjugação. Basta trocar o radical e testar. Eles só ficam com cara de irregulares se negarmos a eles uma conjugação e insistirmos em enxergar um "e" onde não existe.

Quando saímos do ambiente controlado das gramáticas normativas e entramos no uso cotidiano da língua, a coisa fica ainda mais complexa. Nos falares chamados *populares*, as pessoas já estão fazendo modificações nessas terminações. Se prestarmos atenção, veremos pessoas usando outras terminações nesses verbos, como "ponhei" (forma bastante comum no brasileiro coloquial) e "compus" (não ocorre "compunhei"), assim como "ponhava" (também muito comum) e "supunha" (não ocorre "supunhava"). Ou seja, dentro da própria conjugação, já estão começando a surgir irregularidades que, talvez, um dia, venham a ser incorporadas definitivamente na língua.

Muito bem, toda essa conversa foi necessária para mostrar que a quarta conjugação existe de fato. Agora, podemos passar para a explicação sobre o radical, embora já tenha sido necessário falar de radical anteriormente. Vamos lá.

O radical do verbo

O radical do verbo é a parte básica da palavra, aquela que guarda seu sentido mais próprio e essencial. Encontramos o radical de um verbo a partir do infinitivo impessoal, retirando a *desinência de infinitivo* e a *vogal temática*:

- <u>cant</u>-a-r
- <u>beb</u>-e-r
- <u>part</u>-i-r
- <u>p</u>-ô-r

Há um verbo na língua, porém, no qual fica impossível fazer isso: o verbo "ir". Se tirarmos a desinência de infinitivo e a vogal temática, não sobra nada. Neste caso, se convencionou dizer que ele é, inteiro, o radical: "ir". Note que é o radical que serve de suporte para a vogal temática e para as desinências, permitindo construir as diferentes formas de um verbo.

Verbos regulares e irregulares

Os *verbos regulares* são aqueles cujos radicais e desinências funcionam sem qualquer modificação dentro da conjugação. Vamos retomar aquela tabela que usamos anteriormente (dos verbos da segunda conjugação como são apresentados nas gramáticas normativas) e ver alguns exemplos de radicais que se combinam com as *terminações* sem provocar alterações:

> Note que, aqui, as terminações aparecem "em bloco", como fica mais viável trabalhar com os alunos, sem a necessidade de especificar os *subtipos mórficos* de modo-tempo e de número-pessoa.

Um pouco sobre os verbos

Terminações regulares da segunda conjugação – modo indicativo simples

tempo → pessoa ↓	presente	passado perfeito	passado imperfeito	passado mais-que-perfeito	futuro do presente	futuro do passado
1ª singular	vend-o	vend-i	vend-ia	vend-era	vend-erei	vend-eria
2ª singular	vend-es	vend-este	vend-ias	vend-eras	vend-erás	vend-erias
3ª singular	vend-e	vend-eu	vend-ia	vend-era	vend-erá	vend-eria
1ª plural	vend-emos	vend-emos	vend-íamos	vend-êramos	vend-eremos	vend-eríamos
2ª plural	vend-eis	vend-estes	vend-íeis	vend-êreis	vend-ereis	vend-eríeis
3ª plural	vend-em	vend-eram	vend-iam	vend-eram	vend-erão	vend-eriam

Agora, experimente trocar o radical "vend-" por estes outros: "dev-" (verbo *dever*), "perceb-" (verbo *perceber*) ou "com-" (verbo *comer*). Veja como eles funcionam perfeitamente, sem nenhuma modificação, com todas as desinências. Por isso são chamados de "regulares", porque seguem as regras da conjugação a que pertencem. Todas as conjugações têm seu conjunto de verbos regulares.

Já os *verbos irregulares* são aqueles que não funcionam assim de forma tão "padronizada". Eles sofrem modificações quando são conjugados. Há dois grupos básicos de verbos irregulares: com *fraca irregularidade* e com *forte irregularidade*.

Os verbos com fraca irregularidade apresentam pequenas mudanças na conjugação, como, por exemplo, o verbo *ouvir*, que é da terceira conjugação: enquanto um verbo regular (como o verbo partir) seria "eu parto/ tu partes", o verbo *ouvir* fica "eu ouço / tu ouves", em vez de "*eu ouvo" (que seria uma forma regular sem mudanças no radical, mas que não ocorre na língua. Aliás, esse asterisco na frente do exemplo indica uma forma que não

O estudo dos verbos na educação básica

existe, uma forma inaceitável para os falantes.). Mas, depois, ele entra nos eixos em diversas outras formas: "ouve, ouvimos, ouvis etc.". É uma pequena irregularidade diante de tantas terminações possíveis.

Já os verbos com forte irregularidade podem:

a. ter mudanças no radical (a gramática tradicional chama esses verbos de *anômalos*. Aqui, vamos chamar apenas de "verbos com irregularidade no radical"), como é o caso do verbo *ir* ("vou", "fui", "irei" etc.) e do verbo *ser* ("sou", "era", "fui" etc.);

b. não ter todas as formas de um verbo regular. É o caso de verbos como *trovejar, chover* e *latir* que, em uso costumeiro, só têm as formas da terceira pessoa ("troveja"/"trovejam"; "chove"/"chovem"; "late"/"latem"). É claro que, usando sentidos especiais – *sentidos figurativos*, por exemplo – podemos dizer que "nós chovemos no molhado" e que "tu trovejas demais". Mas isso em sentido figurado, em que os verbos assumem uma liberdade morfológica que vai além do bê-á-bá da gramática. Bem, a título de informação, a gramática tradicional chama esses verbos de *defectivos*, como se eles tivessem algum "defeito de fábrica". Na verdade, não há defeito algum: apenas o sentido deles é que define que eles não são utilizados em todas as pessoas gramaticais possíveis para os verbos regulares.

32

Um pouco sobre os verbos

Isso explicado, cabe falar um pouco sobre como trabalhar essa parte do conteúdo com os alunos:

a. Em primeiro lugar, é importante que eles entendam o sistema, ou seja, o que significa ser regular e irregular em um verbo.

b. Depois, é importante que eles conheçam as formas possíveis e as formas usuais (veja que "conheçam" é diferente de "sejam obrigados a decorar"). É interessante fazer alguns exercícios comparativos entre as formas da chamada língua culta e as de padrões coloquiais. Por exemplo, comparar o uso "Eu ponhei o lixo na frente da casa" com "Eu pus o lixo na frente da casa". É imprescindível que o aluno saiba que, embora a primeira forma funcione em determinados ambientes sociais, em outros ela não é aceita e pode ser considerada ridícula. Ele precisa aprender essas diferenças para poder se comunicar em qualquer ambiente social que frequenta ou venha a frequentar. Isso se faz com muitos exercícios comparativos, com o uso de textos e de material de apoio, como tabelas de consulta das conjugações e livros sobre conjugação verbal (existem muitos à disposição). Isso tudo sem a necessidade de "decoreba", de obrigar os alunos a ficar recitando verbos ou repetindo conjugações na prova.

c. Finalmente, eles têm que aprender a aplicar os verbos no texto, e de forma consciente, ou seja, sabendo o porquê disso e quais as consequências de não saber usar os verbos em cada ambiente social. Aliás, na "decoreba", acaba entrando um monte de coisa que não se usa nem faz falta, como algumas formas verbais moribundas e outras que já morreram mesmo.

A marcação de pessoa e de número no verbo

Quando falamos de "pessoa" na nossa língua, nos referimos à *pessoa gramatical*. O conceito de pessoa gramatical, no PB, está ligado à nossa concepção da *interlocução*, ou seja, à comunicação das pessoas com o uso da língua. Podemos até imaginar uma conversa entre pessoas para entender bem isso. Assim, a 1ª pessoa se refere a "quem fala", a 2ª se refere a "com quem se fala" e a 3ª a "de quem" ou sobre "o que se fala". A terceira pessoa também é utilizada toda vez que um nome (um substantivo) está servindo de base de concordância para o verbo, pois *todos os nomes (substantivos) de nossa língua são marcados em 3ª pessoa*.

Todas as pessoas (1ª, 2ª e 3ª) podem – virtualmente – estar na forma singular ou na forma plural. Assim, ocorrem, para uma mesma pessoa gramatical, formas singulares e formas plurais nas palavras que são marcadas em pessoa gramatical. Veja o exemplo com o uso de pronomes e com o uso de verbos, que são palavras ótimas para exemplificar a marcação de pessoas gramaticais no português:

Um pouco sobre os verbos

a. 1ª pessoa singular – eu
b. 1ª pessoa plural – nós
c. 1ª pessoa singular – ando
d. 1ª pessoa plural – andamos

Como podemos notar, a marcação de pessoa gramatical ocorre de duas formas em nossa língua:

a. sem morfemas explícitos de pessoa, apenas a partir do sentido do radical, como nos pronomes;
b. com morfemas explícitos de pessoa, ou seja, com desinências específicas que expressam a ideia de pessoa, como nos verbos.

O *singular* e o *plural* marcam o "número" em nossa língua. Nela, só há duas marcas de número (e não é assim em todas as línguas do mundo). Essas marcas expressam as ideias de "um" e "mais de um". "Um" é singular; "mais de um" é plural. E, por que eu disse "virtualmente"? Porque essas três pessoas de singular e plural não são, na verdade, utilizadas assim pelos falantes. Vamos ver:

a. As gramáticas tradicionais ditam que a língua deveria ser assim:

- Eu comi todo o doce. (1ª pessoa singular)
- Tu estavas reclamando disso. (2ª pessoa singular)
- Ele não está nem aí com o caso. (3ª pessoa singular)

O estudo dos verbos na educação básica

- Nós <u>brigamos</u> por causa do doce. (1ª pessoa plural)
- <u>Vós</u> não vos <u>intrometestes</u>. (2ª pessoa plural)
- <u>Eles</u> <u>estão rindo</u> até agora. (3ª pessoa plural)
- O <u>doce</u> <u>acabou</u>. (3ª pessoa singular – nome singular)
- Os <u>cozinheiros</u> <u>vão fazer</u> mais amanhã. (3ª pessoa plural – nome plural)

Porém, no PB, embora existam, historicamente, a 1ª pessoa plural (nós), a 2ª pessoa singular (tu) e a 2ª pessoa plural (vós), nós usamos formas diferentes.

b. No Brasil, muitas pessoas usam assim:

- <u>Eu</u> <u>comi</u> todo o doce. (1ª pessoa singular)
- <u>Tu</u> <u>estava</u> reclamando disso. (Pronome de 2ª pessoa singular com verbo na 3ª pessoa singular – bem comum nas regiões Norte e Sul do país.)
- <u>Você</u> <u>estava</u> reclamando disso. (Assumindo o lugar da 2ª pessoa singular no lugar do "tu" – ocorre na maior parte do país. Perceba que o verbo está na 3ª pessoa singular.)
- <u>Ele</u> não <u>está</u> nem aí com o caso. (3ª pessoa singular)
- <u>Nós</u> <u>brigamos</u> por causa do doce. (1ª pessoa plural)
- <u>A gente</u> <u>brigou</u> por causa do doce. (Assumindo o lugar da 1ª pessoa plural, com verbo usado na 3ª pessoa singular.)
- <u>Vocês</u> não se <u>intrometeram</u>. (Assumindo o lugar da 2ª pessoa plural tradicional que não se usa mais. O verbo vai para a 3ª pessoa plural.)

Um pouco sobre os verbos

- Eles estão rindo até agora. (3ª pessoa plural)
- O doce acabou. (3ª pessoa singular – nome singular)
- Os cozinheiros vão fazer mais amanhã. (3ª pessoa plural – nome plural)

Outra coisa que devemos notar é que, em muitos falares localizados, está havendo uma uniformização do verbo, em quase todas as pessoas, para a 3ª pessoa singular. Não é incomum se ver a conjugação assim:

c. Em alguns falares localizados, costuma-se usar:

- Eu comi todo o doce. (1ª pessoa singular)
- Tu estava reclamando disso. (Pronome de 2ª pessoa singular com verbo na 3ª pessoa singular – bem comum nas regiões Norte e Sul do país.)
- Você estava reclamando disso. (Assumindo o lugar da 2ª pessoa singular no lugar do "tu" – ocorre na maior parte do país. Perceba que o verbo está na 3ª pessoa singular.)
- Ele não está nem aí com o caso. (3ª pessoa singular)
- Nós brigou por causa do doce./Nós brigamo por causa do doce. (1ª pessoa plural, com verbo na 3ª pessoa singular ou na 1ª pessoa plural sem o "s" final. Também ocorrem formas como "briguemo".)
- A gente brigou por causa do doce. (Assumindo o lugar da 1ª pessoa plural, com verbo usado na 3ª pessoa singular.)

O estudo dos verbos na educação básica

- Vocês não se intrometeram. (Assumindo o lugar da 2ª pessoa plural tradicional que não se usa mais. O verbo vai para a 3ª pessoa plural, embora a pronúncia possa ser parecida com "intrometero".)
- Eles está rindo até agora. (3ª pessoa plural com verbo na 3ª pessoa singular)
- O doce acabou. (3ª pessoa singular – nome singular)
- Os cozinheiro vai fazer mais amanhã. (3ª pessoa plural, com marca de plural apenas no artigo e com o nome e o verbo na 3ª pessoa singular)

Estas formas localizadas recebem vários nomes preconceituosos, como "falar caipira", "falar ignorante", "falar vulgar" etc. O fato é que elas existem, estão muito difundidas e, quem sabe, um dia podem ser o padrão. Se compararmos o padrão brasileiro atual com a língua inglesa, por exemplo, veremos que a conjugação dos verbos no inglês é muito mais simples, e ninguém reclama. Parece que o PB está caminhando para uma simplificação da conjugação verbal. Mas, enquanto isso não acontece, precisamos ensinar aos alunos as vantagens e os riscos de se usar uma ou outra forma em cada ambiente, e também como usar todas elas. Sim, porque existe vantagem e risco em todas as formas. Se você perguntar, em uma conversa de amigos na escola, por exemplo, "Vós não o soubestes?", eles vão achar que você ficou louco, que está fazendo graça ou que é pedante. Cada forma tem seu lugar devido e adequado:

Um pouco sobre os verbos

e isso se aprende a usar. Vamos fazer um resumo do que temos em relação a número e pessoa, então?

Pessoa/ número	Forma tradicional	Forma mais aceita no Brasil	Formas localizadas em determinados falares
1ª singular	Eu canto	Eu canto	Eu canto
2ª singular	Tu cantas	Tu canta Você canta	Tu canta Você canta
3ª singular	Ele canta O galo canta	Ele canta O galo canta	Ele canta O galo canta
1ª plural	Nós cantamos	Nós cantamos (menos usado) A gente canta (mais usado)	Nós canta/ Nós cantamo A gente canta
2ª plural	Vós cantais	Vocês cantam	Vocês canta
3ª plural	Eles cantam Os galos cantam	Eles cantam Os galos cantam	Eles canta Os galo canta

Como disse anteriormente e repito aqui, é importante que seu aluno conheça todas essas formas, saiba em que situações elas são adequadas e tenha condições (conhecimento suficiente) para fazer a opção de sua vontade. Ou seja, é imperativo que ele saiba que essas coisas todas existem sim, embora algumas só nas gramáticas e nos livros antigos, mas outras no lugar em que ele vive e na boca das pessoas com quem convive. E mais: é importante que ele possa usar cada uma delas, se desejar ou não, segundo suas conveniências pessoais. Como se exercita isso? Comparando textos e falas e pedindo para que os alunos os adequem a cada padrão de conjugação. Por exemplo, pode-se pegar uma gravação de um falar em que ocorrem formas como "nós canta" e

O estudo dos verbos na educação básica

"eles canta" e pedir para que os alunos os transformem em textos escritos com as formas tradicionalmente valorizadas ("nós cantamos" e "eles cantam"). Mas é preciso fazer muitos, muitos, muitos exercícios assim, senão eles não aprendem de verdade.

A pessoa e o número são marcados nos verbos por meio de morfemas chamados de *desinências número-pessoais*. As desinências número-pessoais não são um tema relevante para alunos de educação básica nem fazem falta alguma à trajetória existencial deles. São tema de cursos de Letras ou de Linguística, para pessoas que vão se aprofundar no conhecimento dos verbos e de sua estrutura interna. Não perca tempo tentando ensinar isso aos seus alunos. Se achar relevante ensinar as *terminações* dos verbos, ensine-as em um só bloco, com vogal temática + desinência modo-temporal + desinência número-pessoal juntas, como apareceram anteriormente, no quadro do item "Verbos regulares e irregulares".

A marcação de modo e de tempo no verbo – os sentidos modal e temporal

Por si só, o conceito de *tempo* já é bem complicado de se explicar. Vou tratar disso mais adiante no capítulo "Cronologia verbal no PB". De forma resumida, porém, quando falamos de *tempo verbal* falamos de *quando* o evento a que nos referimos foi ou será concretizado.

Um pouco sobre os verbos

Em nossa cultura, dividimos as coisas que são e que acontecem em três grandes blocos de tempo:

a. o passado, que é antes de um ponto determinado no tempo: para trás (ou para a esquerda) na imagem de "linha" que fazemos do tempo;

b. o presente/o agora, que é no momento em que estamos falando, e

c. o futuro, que é depois de um ponto determinado no tempo, ou seja, para a frente (ou para a direita) na imagem de "linha" que fazemos do tempo.

Cada tempo tem um sentido próprio, como veremos ao estudar a cronologia dos verbos na nossa língua, e serve para uma finalidade específica de acordo com nossas necessidades expressivas.

Já quando falamos de *modo verbal* estamos falando da forma como imaginamos a realização/concretização do evento que estamos descrevendo. Na nossa cultura, enxergamos duas formas de descrever esses eventos, que se expressam por meio de dois modos verbais:

a. O *modo indicativo* – exprime coisas que damos como "reais", "certas de acontecer", "sem dúvida", mesmo que estejam no futuro e ainda não tenham acontecido. Exemplos:

- Eu <u>sou</u> assim.
- Você <u>vai comer</u>.
- Ela <u>caiu</u> de moto.

O estudo dos verbos na educação básica

Note como esses verbos nos dão uma ideia de "certeza" ou "convicção" sobre essas coisas acontecerem, terem acontecido, serem assim. É a expressão do *sentido modal indicativo*. Para expressar esse sentido, os verbos usam desinências específicas em cada tempo desse modo.

b. O *modo subjuntivo* – exprime coisas que damos apenas como "possíveis" ou "desejáveis", sobre as quais temos alguma "previsão" ou "esperança" de que aconteçam ou não. Veja:

- Ah! Se eu <u>fosse</u> assim...
- Tomara que você <u>coma</u>.
- Se ele <u>cair</u> de moto vai ser duro!

Perceba que esses verbos nos dão a sensação de incerteza sobre os eventos. Alguns exprimem "desejos", "temores", "possibilidades". Esse é o *sentido modal subjuntivo*. Para expressar esse sentido os verbos usam desinências específicas em cada tempo desse modo.

As gramáticas normativas dizem que existe um terceiro modo verbal, que seria o *imperativo*. Mas o imperativo não é um modo verbal "de verdade", e por diversas razões:

a. primeiro, porque ele não afeta de forma alguma o sentido que atribuímos às formas como as coisas vão se concretizar/realizar;

Um pouco sobre os verbos

b. segundo, porque ele não tem formas privativas, ou seja, só dele, mas usa formas dos presentes do indicativo e do subjuntivo;

c. terceiro, porque não utilizamos o imperativo na representação de eventos do mundo nem temos como localizar suas formas verbais imperativas na linha do tempo, pois sequer sabemos se elas vão mesmo acontecer. Mas aí, já usaremos outro verbo em outro modo para dizer se as coisas aconteceram ou não (para a ordem "Faça isso", por exemplo, usaríamos: "Ele fez" (do indicativo) ou "Se ele tivesse feito" (do subjuntivo)). Apenas usamos o imperativo para dar ordens ou fazer pedidos, ou seja, para realizar os *atos de fala*, que, segundo a Pragmática, são atos que se concretizam pelo falar, como *mentir, mandar, pedir, jurar* etc. "Faça isso", "Faz isso", "Coma aquilo/Come aquilo", "Sai daqui!/ Saia daqui!", são formas de construção chamadas de imperativas.

Como dito, o *sentido imperativo* é o sentido da *ordem* ou do *pedido*, mas não tem nada a ver com a concretização do evento, que, repetindo, sequer sabemos se será concretizado. Logo, o imperativo não é exatamente um modo verbal, mas uma *forma de uso* especial do verbo.

Além do indicativo e do subjuntivo, que são modos verbais mesmo, e do imperativo que, como vimos, é uma forma de uso do verbo para uma finalidade pragmática, as

O estudo dos verbos na educação básica

gramáticas ainda falam das chamadas formas nominais: o *infinitivo pessoal* e *impessoal*, o *gerúndio* e o *particípio*. Sobre elas, vamos falar no próximo tópico. Como se exercita isso com os alunos? Da mesma forma que em relação ao número e à pessoa: com textos e falas sendo modificados e comparados. Veja alguns exemplos de exercícios possíveis:

a. apresentar um texto com todos os verbos em um tempo verbal determinado (o *presente*, por exemplo) e pedir para que os alunos passem todo o texto para outro tempo (o *passado perfeito*, por exemplo), fazendo as adaptações necessárias e verificando, inclusive, quando é possível mudar os tempos, pois, às vezes, o texto fica sem sentido se mudarmos tudo;

b. apresentar um texto com todos os verbos no indicativo e pedir para que o texto seja todo passado para o subjuntivo. Analisar as possibilidades de fazer isso com todos os verbos (às vezes não é possível) e verificar quais as mudanças de sentido que isso acarretou ao texto;

c. apresentar um texto com verbos em diferentes tempos e modos e pedir que os alunos os identifiquem e descrevam os sentidos modais e temporais (que serão aprofundados no capítulo "Cronologia verbal no PB") de cada ocorrência verbal. Isso vai fazer com que eles percebam os usos e nuanças semânticas de cada modo e tempo.

Esses exercícios devem ser repetidos diversas vezes, adaptados segundo os objetivos do professor e explorados de diversas formas, pois são exercícios que não enjoam e se renovam com a mudança de um texto para outro. Para terminar este ponto, cabe lembrar que o modo e o tempo são marcados nos verbos por meio de morfemas chamados de *desinências modo-temporais*. As desinências modo-temporais também não são um tema relevante para alunos de educação básica nem fazem falta alguma à trajetória existencial deles. Também, como as desinências número-pessoais, são tema de cursos de Letras ou de Linguística, para pessoas que vão se aprofundar no conhecimento dos verbos e de sua estrutura interna. Não perca tempo tentando ensinar isso aos seus alunos. Como informado anteriormente, se achar relevante ensinar as *terminações* dos verbos, ensine-as em um só bloco, com vogal temática + desinência modo-temporal + desinência número-pessoal juntas, como apareceram no quadro do item "Verbos regulares e irregulares".

As formas nominais e a questão do particípio

A tradição gramatical brasileira cita quatro formas nominais:

a. infinitivo impessoal;
b. infinitivo pessoal;
c. gerúndio;
d. particípio.

O estudo dos verbos na educação básica

Essas formas são chamadas de *formas nominais* porque, presumidamente, poderiam funcionar como nome (substantivo). Isso é um grande erro, na verdade, porque toda palavra da nossa língua, seja qual for, pode funcionar como nome, bastando, para isso, que esteja numa estrutura sintática exercendo a posição de nome. Quer alguns exemplos?

a. O <u>de</u> é uma preposição. (Seria, costumeiramente, uma preposição, mas aqui é nome.)

b. O <u>dois</u> é um numeral. (Seria, costumeiramente, um numeral, mas aqui é nome.)

c. O <u>comer</u> bem é recomendável. (Seria, costumeiramente, um verbo, mas aqui é nome.)

d. Esse <u>comíamos</u> que você escreveu está ilegível. (Seria, costumeiramente, um verbo no passado imperfeito, mas aqui é nome.)

e. O <u>ridículo</u> é insistir no erro. (Seria, costumeiramente, um adjetivo, mas aqui é nome.)

Pois bem, então, por que manter esse termo "formas nominais"? Por tradição e para não complicar muito a vida dos estudantes. Vamos, porém, entender cada uma delas.

O *infinitivo impessoal* é, como vimos, a palavra que chamamos metaforicamente de o "nome do verbo". Isso porque, quando perguntamos "que verbo é este?", respondemos com esse infinitivo: "O verbo cantar".

Como verbo (porque já vimos que ele pode ocorrer também como nome), o infinitivo funciona sozinho ou

Um pouco sobre os verbos

em locuções, sempre dando uma ideia de que *estamos falando do evento em uma concepção genérica e atemporal*:

- É bom <u>comer</u> verdura. (Aparecendo sozinho. Note que a ideia de "comer" aqui é genérica, ampla, do ato de comer como um todo em qualquer tempo ou modo.)
- Ele <u>vai comer</u> verdura hoje. (Aparecendo como verbo principal da locução.)

Usado em locuções, o *infinitivo impessoal dá a sensação de futuro ao sentido do verbo.*

O *infinitivo pessoal* tem um uso muito específico no PB e, por isso, só aparece em determinadas estruturas. Na prática, essas construções tradicionais com infinitivo pessoal são pouco utilizadas pelos falantes. Veja estes exemplos:

- Isso aqui é para eu <u>fazer</u>.
- Isso aqui é para tu <u>fazeres</u>.
- Isso aqui é para nós <u>fazermos</u>.
- Isso aqui é para eles <u>fazerem</u>.

Essas formas sublinhadas são o *infinitivo pessoal*. São formas que nos despertam uma sensação interessante de "elegância" no falar, não é verdade? Chegam a ser um pouco pedantes... Na prática, os falantes de nossa língua têm optado pelo uso de uma forma única, que acaba

O estudo dos verbos na educação básica

sendo a mesma do *infinitivo impessoal*, em todos os casos, adaptando as estruturas, que ficam assim:

- Isso aqui é pra eu/mim fazer.
- Isso aqui é pra tu/você fazer.
- Isso aqui é pra gente fazer.
- Isso aqui, eles é que vão fazer.

Ou assim (que parece ser construída justamente para "fugir" do *infinitivo pessoal*):

- Isso aqui, eu é que tenho que fazer.
- Isso aqui é tu/você que tem que fazer.
- Isso aqui é a gente que tem que fazer.
- Isso aqui, eles é que têm que fazer.

Nas regiões Norte e Centro-Oeste brasileiras, não é incomum se ouvir a seguinte forma:

- Isso aqui, eu é que tenho de fazer.
- Isso aqui é tu/você que tem de fazer.
- Isso aqui é a gente que tem de fazer.
- Isso aqui, eles é que têm de fazer.

Essas formas não tradicionais são mais aceitas nos diversos ambientes linguísticos brasileiros do que as tradicionais formas com *infinitivo pessoal*, mesmo que algumas sejam consideradas "erradas" por preconceito. Assim,

Um pouco sobre os verbos

é natural que os alunos já dominem uma dessas formas populares de uso. Agora, é necessário treinar a primeira, a tradicional, comparando com as outras sempre e definindo os critérios de adequação para cada uma delas, de maneira que, mais uma vez, os alunos conheçam todas e tenham o direito de escolher a que desejarem.

O *gerúndio* (forma verbal terminada em -ndo) é aquela que mais *nos dá a sensação de "continuidade", de evento que se estende no tempo*. Aparece sozinho e em forma de locução verbal, especialmente no tempo "agora" do indicativo:

* Estudando é que se aprende.
* Estou estudando para passar no concurso.

Perceba que, nos dois exemplos, é o uso do *gerúndio* que passa a ideia de que a ação de estudar se estende por um certo período na linha do tempo, ou seja, a ação é *durativa*. No primeiro exemplo, a ação é *atemporal*, isto é, pode se referir a qualquer momento na linha do tempo, mas, mesmo assim, tem que durar, pelo menos, um pouco. No segundo exemplo, a ação é bem localizada no agora, mas também tem essa noção de duração.

Finalmente, nas formas nominais, chegamos ao *particípio*. O *particípio* é objeto de uma enorme confusão histórica por parte dos gramáticos tradicionalistas que trabalham com o português. Em frases como estas:

* João foi <u>mordido</u> pelo cachorro.
* Maria foi <u>mordida</u> pelo cachorro.

49

os gramáticos dizem que "mordido"/"mordida" são *particípios* do verbo morder. Isso é absurdo e vem de uma "tradição" latina mal assimilada por esses estudiosos, como explico longamente em Ferrarezi Jr. e Teles (2008). Já vimos que não existem verbos na nossa língua com traços de gênero. O gênero é privativo das palavras nominais. É claro, aí, que mordido/mordida estão no masculino (concordando com "João") e no feminino (concordando com "Maria"), respectivamente. Não podem ser verbos, portanto.

O *particípio* não ocorre sozinho no português, ele só ocorre em locuções verbais que não sejam com verbos de ligação. Por referir-se a algo concluído, terminado, o particípio *nos passa a sensação de passado*. Observe os exemplos a seguir em que ocorrem *particípios* nas quatro primeiras frases e adjetivos parecidos com *particípios* nas três últimas:

- João tinha comido todo o doce.
- João e Maria tinham comido todo o doce.
- A mãe deles havia proibido a gula em casa.
- A mãe e o pai deles haviam proibido a gula em casa.
- João está proibido de ser guloso.
- Maria foi proibida de ser gulosa.
- João e Maria estavam proibidos de ser gulosos.

Repare que, nos quatro primeiros exemplos, "tinha comido", "tinham comido", "havia proibido", "haviam proibido" ocorrem locuções verbais. O verbo auxiliar se

Um pouco sobre os verbos

flexiona de acordo com o sujeito, mas o verbo principal, no *particípio*, não muda, sem se importar se o sujeito é masculino ou feminino, singular ou plural. Já nos três últimos exemplos, "está" e "proibido", "foi" e "proibida", "estavam" e "proibidos" não formam locuções verbais. Na verdade, temos, em cada caso, um verbo simples (de ligação: "está", "foi", "estavam") e um adjetivo que concorda com o sujeito em função do gênero e do número. Apenas um adjetivo! Assim, como havia adiantado, podemos constatar que *não ocorre, em nossa língua, locução verbal com verbo de ligação + particípio, mas apenas com outros verbos transitivos ou intransitivos.* Nesses casos, é simples fazer o teste: independentemente do sujeito do verbo, se for mesmo um *particípio*, não haverá nunca variação de gênero (um *particípio* verdadeiro nunca vai para o masculino ou para o feminino) e de número (um *particípio* verdadeiro nunca vai para o plural).

A questão da voz no verbo do PB

Outra confusão histórica que se faz em relação aos verbos do português é em relação à voz. Na verdade, o PB não tem variação de voz, muito menos ocorre a voz passiva. Temos apenas uma forma que serve para tradução de línguas que tenham passivas reais, ou seja, uma forma sintática que funciona como a voz passiva de outras línguas, sem ser uma "voz" verbal marcada morfologicamente. Vamos explicar isso com mais calma.

Em nossa língua, não há marcas morfológicas nem construções locucionadas de verbos para indicar mudanças da voz verbal (ativa, passiva etc.), embora as gramáticas tradicionais do português tragam capítulos sobre a voz passiva. Esse tipo de estrutura chamada de "passiva" nas gramáticas normativas, o é com base no que se pensa ser a "voz passiva" do verbo. Isso porque existe a crença de que o PB tem uma "voz passiva" para os verbos, como tinha o latim. Quando analisamos isso com mais calma, vemos que não é bem assim.

Para que um verbo seja expresso em uma voz específica (a passiva, por exemplo), deve haver algum morfema ou, no mínimo, alguma marcação/convenção específica predefinida na língua (como ocorre com a marcação de pessoa nos nomes do português), ou mesmo uma construção verbal locucionada, que permita que ele seja identificado como passivo. No latim, essa marcação era morfológica e/ou por locução com o verbo *ser*. Veja como isso funcionava tomando como exemplo o verbo *ler* (*legere*). Observe como a morfologia da forma ativa é claramente diferente daquela que aparece na forma passiva:

Tempo	Voz ativa (indicativo)	Voz passiva (indicativo)
Presente	lego (leio)	legor (sou lido)
Imperfeito	legebam (lia)	legebar (era lido)
Perfeito	legi (li)	lectus sum (fui lido)
Mais-que-perfeito	legeram (lera)	lectus eram (fora lido)
Futuro 1º	legam (lerei)	legar (serei lido)
Futuro 2º	legero (terei lido)	lectus ero (terei sido lido)
Infinitivo	legere (ler)	legi (ser lido)
Particípio	legens (lido)	lectus (lido)
Gerúndio	legendo (lendo)	-

Um pouco sobre os verbos

No PB, não há nada parecido com isso. Não há morfemas verbais que diferenciam verbos "passivos" dos "ativos". Se tomarmos outra língua como parâmetro, por exemplo, uma língua viva e atual como o inglês, encontraremos construções na forma de *locuções verbais* para elaborar as formas passivas (a chamada *passive voice*). Veja a diferença das estruturas ativas para as passivas. Vamos usar aqui o verbo "pintar" apenas na 3ª pessoa singular, na forma afirmativa (como em *"João pinta a casa." / "John paints the house."*):

Tempo	Voz ativa (indicativo)	Voz passiva (indicativo)
Simple Present	paints (pinta)	is painted (é pintado)
Present progressive	is painting (está pintando)	is being painting (está sendo pintado)
Simple past	painted (pintou)	was painted (foi pintado)
Past progressive	was painting (estava pintando)	was being painted (estava sendo pintado)
Simple future	will paint (pintará)	will be paint (será pintado)
Present perfect	has painted (tem pintado)	has been painted (tem sido pintado)
Past perfect	had painted (tinha pintado)	had been painted (tinha sido pintado)
Future perfect	will have painted (terá pintado)	will have been painted (terá sido pintado)

Mais uma vez, temos diferenças nas formas verbais que, no inglês, aparecem com locuções usando o verbo *to be* (*ser/estar*) e formas verbais em *gerúndio* e *particípio*. Porém, isso também não acontece no PB.

O que acontece em nossa língua? O que se tem chamado de voz passiva, erroneamente, é o uso do verbo *ser* seguido de um adjetivo. Mas, como já sabemos, gramaticalmente, não há possibilidade de uma locução verbal

O estudo dos verbos na educação básica

formada de *verbo de ligação* + *adjetivo* na nossa língua. E por que não? Porque o adjetivo é uma palavra nominal e, por isso, é marcada em gênero. Os verbos nunca são marcados em gênero no português. Isso faz parte da tematização dessas palavras e quebrar essa regra seria alterar profundamente a morfologia da língua. Já vimos como isso é simples: palavras nominais têm, como sua principal marca, o gênero; palavras verbais, o tempo.

Nas estruturas que usamos para traduzir as passivas de outras línguas temos uma construção do tipo "*Maria foi assaltada.*" / "*João foi assaltado.*", em que é mais do que evidente que as palavras "*assaltada*" e "*assaltado*" não são verbos, mas adjetivos, (palavras nominais, inclusive com desinência de gênero) e em que o verbo *ser* (*foi*) está na única "voz" possível na língua, a ativa: "*Maria foi bonita.*" / "*Maria foi mordida.*" / "*Maria foi a Miss Brasil 1950*". Ou seja, embora esta construção de *verbo ser* + *adjetivo* seja a maneira que nossa língua utiliza para traduzir as passivas de outras línguas que tenham uma voz passiva "legítima", isso não significa que essa seja realmente uma forma verbal passiva, pois sequer uma forma verbal ela é. Ou seja: é muito importante, verdadeiramente essencial em uma descrição linguística, distinguir uma "forma de tradução" (quando usamos os recursos próprios de uma língua para traduzir o que aparece em outra língua, o que nem sempre implica equivalência de formas gramaticais) de uma "forma gramatical" específica da língua (aquela que faz parte da estrutura da língua com características gramaticais que

54

Um pouco sobre os verbos

justifiquem uma identificação e uma classificação dessa forma como algo diferente das demais formas gramaticais dessa mesma língua).

Finalmente, observe que coisa interessante ocorre aí: em frases desse tipo, não é o verbo que expressa a ação principal! O verbo que ocorre, como vimos, é o verbo *ser,* e a ação está subentendida a partir do adjetivo. Olhe estes exemplos:

- Maria foi <u>processada</u> pelo ex-marido.
- João foi <u>aplaudido</u> pelos amigos.
- José foi <u>contratado</u> pela Petrobras.

Que ações ocorreram em cada uma das frases? Na primeira, o ex-marido de Maria a processou, na segunda, os amigos aplaudiram o João e, na terceira, a Petrobras contratou o José. Mas os verbos *processar, aplaudir* e *contratar* não aparecem nas orações! Como entendemos que essas ações ocorreram? Isso é possível porque a ação é compreendida a partir do adjetivo, ou seja, as ações expressas na frase são subentendidas nos adjetivos *"processada", "aplaudido"* e *"contratado"*. Se prestarmos mais atenção na língua, perceberemos como isso é comum. Por isso é enganoso ensinar aos alunos que os verbos são "palavras que expressam ações". Mas veja que esses adjetivos, embora possam mudar em gênero e número, não podem mudar em tempo. Só os verbos podem! Nas frases abaixo, observe como sabemos o que aconteceu apenas entendendo os adjetivos que aparecem:

O estudo dos verbos na educação básica

- A missão está <u>concluída</u>. (Porque alguém a concluiu.)
- A mesa está <u>enfeitada</u>. (Porque alguém a enfeitou.)
- O cavalo foi <u>domado</u>. (Porque alguém o domou.)
- Lição <u>aprendida</u>! (Porque alguém a aprendeu.)

Quer ver outros exemplos em que a ação não está expressa no verbo? Olhe:

- A <u>destruição</u> do prédio foi rápida.
- A <u>matança</u> dos animais é sempre triste.
- O <u>discurso</u> de João não foi legal.

Quais são as ações apresentadas em cada um dos exemplos? No primeiro, o prédio foi destruído, no segundo, muitos animais foram mortos e, no terceiro, João discursou. Onde essas ações estão expressas em cada frase? No nome que, por acaso, é núcleo do sujeito em cada sentença. Viu como definir os verbos como palavras que expressam ação é uma forma equivocada de ensinar verbo às crianças?

Concluindo este tópico sobre voz: já que não temos diferenciação de vozes verbais em nossa língua, nem é preciso ensinar "voz", não se deve se preocupar tanto com voz passiva ou com o agente da passiva, na hora da sintaxe, como explico com mais detalhes em Ferrarezi Jr. (2012a). Vejamos a combinação de verbos e pronomes.

Um pouco sobre os verbos

Pronomes ligados a verbos – e também os verbos chamados de "reflexivos"

Outra coisa que atormenta muito os alunos é essa combinação de pronomes oblíquos e verbos, combinações que têm nomes complicados como próclise, mesóclise, ênclise... parecem nomes de doença! As regras passadas pelas gramáticas tradicionais são muitas e os usos cotidianos são bem diferentes. Essa junção de um monte de regras que não se utiliza com um uso totalmente diverso do cotidiano dos alunos acaba provocando um grande desânimo neles. Mais uma vez, creio que a melhor forma de lidar com isso é mostrando as diferenças de registro, a necessidade de adequação, e trabalhar tudo isso com base em textos nos quais se possa comparar cada uso e manipular as formas verbais de acordo com os objetivos de cada falante.

A primeira coisa que os alunos não costumam entender é essa nomenclatura sobre pronomes. Chamar os pronomes de "pessoais" já é muito ruim, porque os usamos para qualquer coisa do mundo e não apenas para pessoas (uma *garrafa* pode ser "ela", um *parafuso* pode ser "ele"). A ideia de pessoa, nesses casos, precisa ser compreendida do ponto de vista da *pessoa gramatical*, como já tratamos aqui, e isso não é óbvio para os alunos. Em seguida, vêm os *retos* e os *oblíquos*: outros rótulos terríveis que não dizem nada! Na verdade, os chamados *retos* são aqueles que funcionam como sujeitos (ou se pretende tradicionalmente que funcionem) e os chamados *oblíquos* são aqueles que funcionam

O estudo dos verbos na educação básica

como complementos verbais (ou, como disse, é isso o que se pretende nas gramáticas tradicionais). Não seria mais fácil chamar de "pronome sujeito" e "pronome complemento/complementar"? Mas para que simplificar se é possível complicar, não é mesmo? O pior, porém, é que, na prática, isso não funciona assim. Temos frases como estas, que gravei em registros cotidianos de pesquisa com fala espontânea:

- Isso aí é pra <u>mim</u> fazer ainda hoje.
- Depois, ele mordeu <u>ela</u> e correu para o meio do mato.

No primeiro exemplo, o pronome oblíquo "mim" está funcionando como sujeito do verbo *fazer*. No segundo, o pronome reto "ela" funciona como complemento do verbo *morder*. O fato é que apenas dizer que "está errado" não resolve nada, não ensina nada, não adianta nada: é assim que funciona na língua real e, provavelmente, é assim que seus alunos falam. Então, é preciso começar a mostrar essas diferenças a partir dos usos, mostrar como a coisa funciona na prática, como ela é aceita ou deixa de ser aceita nos diversos ambientes sociais. Depois, realizar comparações que permitam aos alunos proceder a substituições, treinando o formato dito culto, do qual eles poderão precisar um dia.

Por isso, creio que não preciso escrever aqui todas as regras que ditam como se deve usar os pronomes oblíquos: quando eles vêm para a frente do verbo, quando

Um pouco sobre os verbos

---

ficam atrás do verbo e, como um dia, já ficaram até no meio do verbo (forma que hoje não se usa mais em canto algum do país, exceto em textos muito rebuscados), pois elas povoam todas as gramáticas normativas e a maioria dos livros didáticos, sendo assim muito fáceis de se encontrar. O fato a ressaltar é como trabalhar isso com os alunos.

Outra coisa digna de nota é que existem algumas formas verbais que são chamadas de reflexivas (alguns também chamam isso de "voz", mas, como vimos, não é), em que se coloca um pronome ligado ao verbo para dizer que o evento desencadeado pelo verbo recai sobre o próprio sujeito. São estruturas como:

- João <u>feriu-se</u>.
- Eu <u>me machuquei</u>.
- Eles <u>se perderam</u> no mato.

Mais uma vez, a prática é bem diferente da norma ditada. Vejamos uma comparação no quadro abaixo:

Pessoa/número	Forma tradicional	Forma mais aceita no Brasil	Formas localizadas em determinados falares
1ª singular	cortei-me	me cortei	se cortei
2ª singular	cortaste-te	se cortou	se cortou
3ª singular	cortou-se	se cortou	se cortou
1ª plural	cortamo-nos	nos cortamos / a gente se cortou	se cortamo(s) / a gente se cortou
2ª plural	cortastes-vos	se cortaram	se cortou / se cortaram(ro)
3ª plural	cortaram-se	se cortaram	se cortaram

Veja que coisa interessante: na forma tradicional, a quantidade de formas é maior (*me, te, se, nos, vos*). Na forma mais aceita como "suficientemente correta", temos as marcações nas primeiras pessoas (*me* e *nos*) e nas demais ocorre sempre o *se* como reflexivo. Nas formas dos falares mais localizados e informais, os ditos "falares populares", apenas o *se* resolve todos os casos de reflexão. Bem econômico e interessante, especialmente se compararmos com uma língua como o inglês, que também só tem uma forma reflexiva (*self*) a ser combinada em todos os casos.

Mais uma vez, reitero que trabalhar esses conteúdos é preparar os alunos para escolher qual forma preferem usar em cada situação. O processo é sempre o mesmo, nesta ordem:

a. conscientizar o aluno sobre o fenômeno, não por explicações meramente expositivas de classe, mas pela análise de fatos reais da linguagem, como textos, vídeos, músicas etc.;

b. explicar as diferenças e as funções de cada uso, mostrando e desmistificando formas e preconceitos;

c. treinar os usos em diferentes tipos de textos e com diferentes objetivos. Por exemplo, pode-se pedir aos alunos que escrevam uma mensagem que seria lida: 1) em uma festa de formatura; 2) em uma reunião de amigos; 3) que não seria lida, mas dita em um ambiente muito informal (mas que eles vão ter que escrever no exercício para mostrar

Um pouco sobre os verbos

como ficaria). Em um exercício como este, eles vão ter que imaginar os cenários de uso e adaptar as formas verbais a cada situação, da melhor maneira possível;

d. finalmente, avaliar as possibilidades de uso coerente de cada forma aprendida.

Assim, terminamos os conteúdos relativos à estrutura dos verbos que devem ser trabalhados a partir da segunda metade do ensino fundamental (lá pelo 8º ano). Se os alunos dominarem esses conteúdos, já terá compensado o trabalho do professor e os alunos terão aprendido muita coisa importante sobre como usar os verbos em diferentes situações do cotidiano, com diferentes objetivos, segundo seus interesses pessoais e necessidades comunicativas.

Agora, começaremos a compreender os tempos verbais que temos em nossa língua, por que eles são como são, qual a finalidade de cada um e como os usamos na vida. Para mim, é a parte mais divertida e mais bonita do estudo dos verbos.

Cronologia verbal no PB

Quando falamos de *cronologia verbal*, estamos falando da disposição dos tempos verbais na *linha imaginária do tempo* que idealizamos em nossa cultura. Vemos por que cada tempo é como é, o que cada tempo expressa em relação ao seu *sentido temporal* e como os tempos verbais de uma língua se harmonizam, ou seja, como eles funcionam um em relação ao outro. É um estudo muito interessante e mostra muito bem a relação entre a língua e a cultura. Mas, primeiro, precisamos de alguns conceitos básicos.

Conceitos básicos

Todo estudo sério precisa ser alicerçado em alguns conceitos básicos que exprimem a nossa visão do objeto que estudamos. Não dá para começar um bom estudo

O estudo dos verbos na educação básica

sobre língua, por exemplo, se não tivermos, pelo menos, uma ideia do que seja uma língua e de como se estuda um objeto dessa natureza. Isso é assim mesmo que se mude esse conceito ao longo do estudo, mesmo que nossa visão sobre o objeto acabe evoluindo – o que, aliás, é muito bom e bem natural em Ciência. Então, aqui, também precisaremos de alguns conceitos básicos antes de começar a ver o que cada tempo expressa e como cada um deles funciona.

O tempo – presente, passado e futuro

O que é o *tempo*? Ótima pergunta essa! E é ótima justamente porque é muito difícil de ser respondida. A primeira coisa que precisamos entender é, justamente, que não há uma resposta única e definitiva para o que seja o *tempo*. Cada ciência – e, às vezes, as várias vertentes de uma mesma ciência – cada crença, cada cultura, define o tempo de uma forma distinta, umas mais próximas da nossa forma de pensar, outras bem diferentes.

Em nossa cultura, o tempo tem a ver com o conceito de *sucessão*, de encadeamento de eventos que ocorrem uns depois dos outros. E, como baseamos nossa ideia de tempo na sucessão dos eventos, observamos esses eventos e percebemos que eles têm uma *duração*: uns são mais rápidos e *pontuais*, outros são mais longos e *durativos*. Uma outra consequência de enxergar o tempo como uma sucessão é que fica bem natural representar o tempo com uma linha, a *linha do tempo*.

Ao enxergarmos o tempo desse modo, acabamos achando que sempre estamos no "agora", junto com aquilo que está acontecendo. A isso costumamos chamar *presente*. Também achamos que aquilo que aconteceu não volta mais: ao que já aconteceu, ou mais propriamente, ao período das coisas que já se foram, chamamos *passado* (E que fique bem definido que, aqui, não vou usar a palavra tradicional "pretérito" para me referir ao passado. Será que existe alguma coisa mais pretérita do que chamar passado de "pretérito"?). Finalmente, quando olhamos para a linha do tempo, achamos que aquilo que ainda não aconteceu ainda não foi experimentado e só poderá ser conhecido quando acontecer. A esse período, que ainda não chegou, chamamos *futuro*.

A linha do tempo com que trabalhamos em nossa cultura, como uma representação simbólica do próprio tempo, é orientada da esquerda (onde imaginamos o passado) para a direita (onde imaginamos o futuro). Porém, a linha do tempo não é igual para todos. Para uns, o tempo não tem começo nem fim. É assim, por exemplo, na cultura judaica, que muito nos influenciou através do Velho Testamento bíblico, em que há eternidade para o passado e eternidade para o futuro. Em uma visão como essa, o tempo será representado assim:

Essa é a representação do tempo que mais comumente se adota em nosso país e a que vou adotar neste livro.

Porém, algumas visões imaginam um começo para o tempo junto com um começo para o universo, mas não imaginam seu fim. Nesse caso, a linha do tempo teria que ser assim:

⟶

Em algumas culturas, entretanto, o tempo não é visto como uma linha, mas como uma sucessão de *ciclos*. É o caso, por exemplo, da cultura maia. Em uma cultura como essa, o tempo é visto como algo que se repete indefinidamente. Os calendários maias não eram lineares como os nossos, mas circulares e baseados em diversos padrões cíclicos. Para um maia, a melhor representação do tempo seria uma linha circular:

Em uma visão de tempo como a dos maias, o final de um ciclo coincide com o início de outro e, dessa forma, as coisas acabam sempre voltando e se repetindo (o que é bem diferente do que nós pensamos sobre o passado), ou seja, o futuro é só a repetição de algo que já aconteceu antes. Isso nos parece bem estranho, se nos baseamos em nossa visão de mundo.

Uma vez que já acertamos como vamos entender o *tempo*, o *presente*, o *passado* e o *futuro* aqui, podemos ver do que precisamos para entender os tempos verbais.

Os três momentos: MF, MR e ME

Já vimos que, em nossa cultura, o tempo é representado (enxergado e compreendido) como sendo uma linha em que os eventos se sucedem. Isso é assimilado pela língua, porque a língua e a cultura guardam uma relação vital entre si, uma vez que a língua tem que dar conta de expressar tudo aquilo que a cultura demanda. Mas quando falamos de tempos verbais, temos que conseguir representar a maneira como a língua distribui esses tempos ao longo da linha simbólica do tempo. Para isso, conforme nos ensina Ilari (2001), precisamos marcar 3 pontos diferentes na linha.

O primeiro ponto é o momento em que estamos falando. É chamado de *momento da fala* (MF). É nesse momento que o pensamento vai virar um verbo em algum tempo, ou seja, é o momento em que a língua se materializa e a partir do qual avaliamos a maioria das relações entre os tempos. Como teremos que marcar o MF na linha, vamos usar esta figura para representá-lo:

Portanto, toda vez que você vir esta figurinha em algum ponto da linha do tempo, saberá que é ali que a pessoa está falando.

O segundo momento de que precisamos é o *momento da referência* (MR). Essa marca é necessária porque alguns tempos não são compreendidos a partir do momento em que estamos falando, mas em relação a um outro ponto na linha do tempo (que acaba funcionando como uma referência, portanto). Para representar o MR, vamos usar a figura de uma bandeirinha (bandeirinhas nos lembram "referência"):

Só para lembrar, então: toda vez que aparecer a bandeirinha na linha do tempo, é porque ela estará marcando um ponto de referência para que outro tempo possa ser marcado, a partir desse ponto, na linha.

Finalmente, temos o terceiro momento, que é exatamente aquele em que o evento acontece ou que achamos que vai acontecer. É a hora em que as coisas se "concretizam", a qual chamamos de *momento do evento* (ME). Para representar o momento do evento, vamos adotar o "dedo-duro" que indica onde a coisa acontece ou queremos que aconteça. Aqui está ele:

Então, ao ver o dedo-duro, você vai saber que é justamente ali que o evento acontece.

Tudo estaria resolvido se todos os eventos fossem pontuais, ou seja, se todas as coisas acontecessem de forma rápida e em um ponto exatamente localizado na linha. Porém, não é assim. Você deve lembrar que, logo ali atrás, falamos de *eventos durativos*, de coisas que acontecem durante um período mais longo. Para representar esses eventos durativos, vamos recorrer a uma chave deitada, que vai marcar um período mais longo:

Essa chave sempre vem combinada com o dedo-duro, para indicar que é o período do evento, ok? Então, fica assim:

Isso vai ser lido, portanto, como *período de duração do evento* ou *evento de natureza durativa*, o que é diferente de um *evento de natureza pontual* que será marcado só com o dedo-duro, sem a chave.

Outra coisa que precisamos perceber é que, muitas vezes, dois ou todos os momentos que definimos (MF, MR e ME) ocorrem no mesmo ponto da linha do tempo, ou seja, eles coincidem. Nesse caso, eles estarão representados sobrepostos na linha, e ficarão assim:

O que essa representação significa? Que a pessoa está falando, que a hora em que ela está falando é também a referência para o evento e que o evento está acontecendo ali naquela mesma hora, tudo junto, tudo coincidindo. Quando esses momentos estiverem em pontos diferentes da linha, porém, a representação ficará, por exemplo, assim:

que deve ser entendida como: a pessoa falou (MF), mas o evento aconteceu num tempo que é compreendido levando-se em consideração outro momento que não foi o MF e sim o momento de referência (MR).

Finalmente, no campo das representações dos tempos, que nos ajudarão a compreender cada um deles, precisamos sempre lembrar: *futuro* é "para a frente", "para a direita" de algum ponto na linha; *passado* é "para trás", "para a esquerda" de algum ponto na linha.

Harmonia temporal

O último conceito de que precisamos para compreender os tempos verbais do PB é o de *harmonia dos tempos verbais*. É um conceito simples, mas importante. A harmonia temporal dos verbos é a *relação de dependência que um tempo tem em relação a outro*, ou seja, seu funcionamento conjunto (aliás, é justamente pela harmonia dos tempos que um toma o outro como MR). Observe o exemplo a seguir com os verbos *poder* e *fazer*:

- Se eu <u>pudesse</u> eu <u>ia fazer</u> uma reforma na minha casa.

Quando dizemos "se eu pudesse", esse tempo já seleciona outro automaticamente: "eu ia fazer".

O primeiro tempo verbal aqui (pudesse) é o *passado imperfeito do subjuntivo* e o segundo é o *futuro do passado do indicativo*. Esses dois tempos trabalham quase sempre em harmonia. Um seleciona o outro, um funciona como MR do outro (É interessante notar também que a forma mais antiga de "ia" era "iria": "eu iria fazer". Porém, mais recentemente, as formas *iria, iríamos, iriam* têm sido sistematicamente substituídas pelas abreviadas *ia, íamos, iam* e isso com plena manutenção do sentido temporal do futuro do passado do indicativo.).

À medida que formos estudando tempo a tempo, você verá os demais casos de harmonia temporal em nossa língua.

Agora, com esses conceitos definidos, podemos começar a estudar cada um dos tempos que usamos todos os dias, mas que nem sempre compreendemos.

Modo indicativo

Como vimos anteriormente, o sentido modal do indicativo é o de expressar eventos considerados como "reais", "certos de acontecer", "sem dúvida", mesmo que estejam no futuro e ainda não tenham ocorrido. São coisas que a gente tem "certeza" (ou quase) que aconteceram ou vão acontecer. Esse sentido modal se repete em todos os tempos desse modo e, assim, não mencionarei isso novamente em cada tempo que vamos estudar.

O agora

O *agora* é um dos tempos verbais mais importantes de nossa língua e, por incrível que pareça, as gramáticas tradicionais o ignoram e sequer o citam, nem com outro nome. O *agora* se refere às ações que estão acontecendo no MF. Ele é muito diferente do chamado *presente do indicativo*, como veremos logo a seguir. O *agora* é formado com a locução do *verbo estar no presente do indicativo* + *verbo principal no gerúndio* designando o evento da locução: *estou fazendo, estou comendo, estou estudando*. Sua representação é assim:

- Não me atrapalha porque eu estou estudando!

Estou estudando

Cronologia verbal no PB

Veja que, no agora, o MF é também o MR e é o momento em que as coisas acontecem. Portanto, o sentido temporal do *agora* pode ser assim entendido: *expressa um evento que coincide com o MF*.

Muitas vezes, usamos o *agora* com um sentido mais durativo, fazendo alusão a um período mais longo de tempo. Veja:

- Estou sofrendo muito com a morte do meu pai.

Nesse caso, o período é maior, mas, ainda assim, o MF está dentro desse período, coincidindo com um ponto dele, e o MF também coincide com o MR para a definição do evento na linha do tempo.

O presente

O *presente do indicativo* tem sido tradicionalmente ensinado como sendo o *agora*. Isso é muito errado e é claro que os alunos percebem e, assim, acham essas explicações da escola sem sentido. O *presente do indicativo* é um dos tempos mais "soltos" na linha do tempo que nossa língua possui. Ele pode ser usado como *atemporal*, como expressão de um evento no passado ou no futuro ou até para falar de algo que coincide com o *agora*. Veja como o *agora* é diferente do presente:

Imagine a seguinte situação: João está almoçando e recebe uma ligação de José:

> – *Ei, João! Tudo bem?*
> – *Tudo bem!*
> – *Posso passar aí pra te pegar agora?*
> – *Agora não, porque eu como.*

O que tem de errado na resposta de João: "Agora não, porque eu como"? Provavelmente, José teria dificuldade para entender essa resposta e até poderia ironizar: "Ainda bem que você come, porque senão ia morrer de fome...". Para expressar um evento que está acontecendo no momento da fala, João teria que usar o agora. O *presente do indicativo* não serve para isso, pois ele não expressa o evento no MF, pelo menos não sozinho. Veja como fica mais aceitável assim:

> – *Ei, João! Tudo bem?*
> – *Tudo bem!*
> – *Posso passar aí pra te pegar agora?*
> – *Agora não, porque eu estou comendo.*

Vejamos outros exemplos do presente do indicativo e suas representações.

Como atemporal:

- A água <u>ferve</u> a cem graus centígrados ao nível do mar.

Esse "ferve" é quando? Só agora na hora que eu estou falando ou sempre, toda vez que se colocar a água para ferver ao nível do mar? É claro que é sempre, independentemente do tempo marcado na linha. É por isso que as leis das ciências e os ditados populares, por exemplo, são mencionados no *presente do indicativo*: porque eles devem valer para qualquer tempo:

- O quadrado da hipotenusa <u>é</u> igual à soma dos quadrados dos catetos.
- Não se <u>chora</u> o leite derramado.
- Água mole em pedra dura, tanto <u>bate</u> até que <u>fura</u>.

Veja que todos os verbos dessas frases conhecidas estão no *presente do indicativo*. É o que dá a elas a impressão de "verdade eterna". E isso pode ser até meio perigoso, pois é capaz de fazer mentiras parecerem verdades...

Como fica a representação desse *presente* usado no exemplo citado, de forma atemporal? Assim:

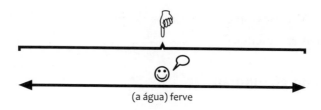

(a água) ferve

Observe como, aqui, nem é necessário um MR, pois o tempo serve para todos os pontos da linha, sem restrição.

Para um evento no passado:

- Eu estava na balada na semana passada e me chega aquele mala...

(eu) estava   (me) chega

Observe como, neste caso, esse *presente* é usado para expressar um evento que aconteceu antes do *agora* (do MF), portanto, no passado. No exemplo dado, o *presente* tomou como referência outro verbo no passado, que ajudou a localizar o evento expresso pelo presente também no passado (primeiro, a pessoa estava na balada, depois chegou o "mala").

Para um evento no futuro:

- <u>Estou</u> aqui <u>pensando</u> se eu <u>estou</u> na festa de amanhã e me <u>dá</u> um desmaio!

No exemplo acima, *estou pensando* (no agora) reflete o MF, *estou* (na festa) é *presente do indicativo* e se refere a uma coisa que eu acredito que vai ocorrer amanhã, portanto no futuro. Então se toma esse verbo e se usa como MR para um outro evento que estaria ainda mais no futuro: me dar um desmaio. É um exemplo bem comum de presente usado para expressar o futuro referenciando outro presente na mesma condição.

Para um evento no agora:

- <u>Acho</u> que vou parar de tomar refrigerante.

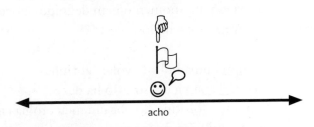

O estudo dos verbos na educação básica

Neste caso, que não é dos mais comuns na língua, pois o mais provável seria ouvir algo como "estou achando que vou parar...", o *presente do indicativo* funciona no agora, coincidindo o MF, o MR e o ME: eu "acho" no momento em que eu estou falando e isso referencia uma ação possível no futuro. Como pudemos ver, é importante diferenciar os usos do *agora* e do *presente do indicativo*, o qual tem o seguinte sentido temporal: *evento definido em qualquer ponto da linha do tempo ou em todos simultaneamente, conforme a necessidade expressiva e as referências de tempo que apareçam na frase.*

O passado perfeito – simples e composto

No PB temos duas formas de *passado perfeito* no modo indicativo (simples e composta), embora elas apresentem diferenças de sentido.

No *passado perfeito simples*, o sentido temporal é de *um evento pontual localizado antes do MF*. Observe que não importa se esse momento é há dois segundos ou há dois milhões de anos. Não é a distância do MF que faz do tempo um passado perfeito, mas o fato de que ele é pontual (começa e acaba em um momento bem definido) e ocorre antes do MF. Veja os exemplos:

- Comprei uma bola de vôlei agorinha.
- Eles acabaram a construção há dez anos.
- O mundo foi atingido por um meteoro há cinquenta milhões de anos.

Nos três casos, a representação é a mesma: o momento de fala é também a referência para o evento que ocorre pontualmente no passado:

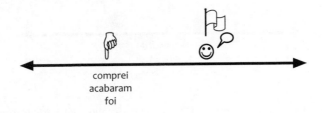

O *passado perfeito* tem esse nome porque seu sentido expressa um evento acabado, começado e encerrado. Já o chamado *passado perfeito composto do indicativo*, que é formado com o *verbo auxiliar no presente do indicativo* e com *o principal no particípio*, tem um sentido diferente, de evento que começa e que se alonga além do momento da fala, ou seja, que vem, pelo menos, até o *agora* e que, talvez, avance até um pouco no futuro. Veja estes exemplos:

- Você tem andado um pouco triste ultimamente.
- Tenho notado algumas mudanças no Brasil.
- Vocês têm visto a Maria ultimamente?

Em todos os casos, parece que a ação tem um início definido, mas se estende, pelo menos, até o agora. A representação ficaria assim:

tem andado
tenho notado
têm visto

Portanto, o sentido temporal do *passado perfeito composto* é o de *expressar um evento que tem início definido no passado, mas que é durativo, chegando ou até ultrapassando o agora*.

O passado imperfeito

Primeiramente, veja que o *passado imperfeito* não tem forma composta, pois esse tempo é usado como tempo auxiliar lá no *passado mais-que-perfeito*. Isso acontece com diversos tempos que não apresentam forma composta justamente porque são usados como tempo do verbo auxiliar para formar compostos em outros tempos. Por outro lado, existem tempos que só apresentam a forma composta, pois isso é possível a partir dos tempos simples funcionando no verbo auxiliar, como é o caso dos *passados perfeito* e *mais-que-perfeito do subjuntivo*, que só existem compostos, como veremos mais adiante. Retomemos o *passado imperfeito*:

O *passado imperfeito do indicativo* tem esse nome porque *expressa uma ação durativa, com início e fim indefinidos, mas que se encerra antes do agora.* Veja que ele tem um sentido diferente do *passado perfeito composto do indicativo*:

- Há muitos anos, ele frequentava os bares da cidade.
- Eu sabia isso, mas não lembro mais.
- A gente ia muito na praia nos idos de 1980.

Nesses exemplos, a ação começa e termina num tempo mais ou menos definido (definido de forma "imperfeita"), mas termina antes do agora. Sua representação fica assim:

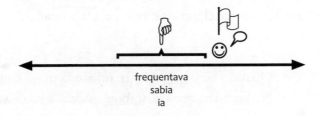

frequentava
sabia
ia

O passado mais-que-perfeito – simples e composto

O *passado mais-que-perfeito do indicativo* leva esse nome estranho simplesmente porque toma como momento de referência o *passado perfeito do indicativo*, ou seja, é o passado que ocorre um pouco antes (mais no passado) do que o perfeito.

No Brasil, as formas simples e composta conviveram por algum tempo. Hoje, a forma simples (*andara, comera, partira, pusera*) praticamente não existe mais na fala, sendo

O estudo dos verbos na educação básica

usada apenas por uma ou outra pessoa, normalmente em ambientes acadêmicos. Por isso, alguns estudiosos chegam a dizer que o *mais-que-perfeito do indicativo* não existe mais no PB (cf. Perini, 2010). Mas isso não é correto. Esse tempo existe e é muito utilizado na sua forma composta, que tem sentido temporal muito semelhante ao da forma simples. Talvez, por isso mesmo, os falantes estejam preferindo manter uma só das duas e optaram pela composta, seguindo, aliás, uma tendência clara do PB. A forma composta do *mais-que-perfeito do indicativo* é formada pelo *verbo auxiliar no passado imperfeito do indicativo* com o *verbo principal no particípio*. Vamos ver alguns exemplos e a representação do tempo na linha:

- Quando eu <u>entrei</u> na sala, o João já <u>tinha saído</u>.
- Na hora em que ele <u>acabou</u> a tarefa, a professora já <u>tinha dado</u> zero.
- Quando a gente <u>conseguiu</u> o dinheiro, ela já <u>tinha vendido</u> a moto.

Note como a ação do *mais-que-perfeito* (*tinha saído, tinha dado* e *tinha vendido*) ocorre antes da ação do *perfeito* (*entrei, acabou* e *conseguiu*).

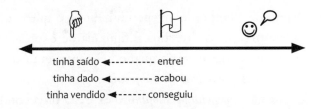

Então, podemos ver que o sentido temporal do *mais-que-perfeito do indicativo* é o de expressar um evento pontual que acontece no passado antes de outro evento definido por um verbo no passado perfeito do indicativo. Veja que o *mais-que-perfeito* não tem nada a ver com um tempo distante, longínquo, como alguns gramáticos tentaram descrever. Ele apenas acontece antes do perfeito, e isso pode significar há um minuto ou há um segundo:

João acabou de entrar na sala e pergunta:
– Você viu a Maria?
– Quando você <u>chegou</u> ela <u>tinha saído</u> há um minuto!
– Que azar!

Um casal está comendo bolachas e assistindo TV:
– Puxa! Eu queria a última bolacha!
O marido, com a bolacha recém-colocada na boca, responde de boca cheia:
– Quando você <u>pediu</u>, eu já <u>tinha colocado</u> na boca...

Outro uso que tenho notado se tornar cada vez mais comum para o *passado mais-que-perfeito do indicativo* é o que chamo de "tempo do arrependimento", o que é, obviamente, uma forma divertida e figurada de expressar o sentido temporal desse verbo quando ele entra em *harmonia com o passado imperfeito do subjuntivo*.

O *passado imperfeito do subjuntivo* expressa uma condição que afeta outros eventos dados por outros tempos verbais. Como veremos adiante, ele costuma acontecer muito em harmonia com o *futuro do passado do indicativo*. Mas, neste caso que estamos analisando, a harmonia é mesmo com o *mais-que-perfeito do indicativo*. Vejamos:

- Se a gente soubesse da alta do dólar, não tinha comprado as passagens.
- Se eu tivesse dinheiro, tinha estudado no estrangeiro.
- Se ela conhecesse bem o sujeito, não tinha casado com ele.

Veja como, nesses exemplos, o *passado mais-que-perfeito do indicativo* acontece depois do *passado imperfeito do subjuntivo* e não antes do *perfeito do indicativo*, mas tudo acontece antes do agora. Veja como fica a representação:

Nesse tipo de harmonia, o sentido temporal do mais-que-perfeito do indicativo é o de expressar um evento que teria sido evitado ou um evento que era desejado, mas que não foi realizado apenas em função de uma condição dada pelo imperfeito do subjuntivo, que não foi cumprida.

Em relação a esse tipo de harmonia, precisamos lembrar que ela parece ter sido realizada, um dia, não com o *passado mais-que-perfeito composto do indicativo*, mas com o *futuro do passado do indicativo*. Aliás, creio que esse seria o apontamento feito aqui por um normativista contra essa harmonia verbal popular. Na forma culta, ela seria assim:

- Se a gente <u>soubesse</u> da alta do dólar, não <u>teria comprado</u> as passagens.
- Se eu <u>tivesse</u> dinheiro, <u>teria estudado</u> no estrangeiro.
- Se ela <u>conhecesse</u> bem o sujeito, não <u>teria casado</u> com ele.

É evidente que é uma forma possível, mas que não ocorre costumeiramente entre os falantes, nem mesmo entre os falantes cultos da língua. Como sempre, vai aparecer uma ou outra pessoa que fale assim e várias que escrevem assim (vale lembrar que a escrita é mais monitorada do que a fala e, hoje, ainda se conta com a vigilância permanente do Word, que fica sublinhando nossos escritos para dizer quando erramos). Na fala do cotidiano, porém, ela é raríssima. Um pouco mais comum é encontrar a forma atualizada de *futuro do passado do indicativo*, que é composta, e ocorre assim:

- Se a gente <u>soubesse</u> da alta do dólar, não <u>ia ter comprado</u> as passagens.
- Se eu <u>tivesse</u> dinheiro, <u>ia ter estudado</u> no estrangeiro.
- Se ela <u>conhecesse</u> bem o sujeito, não <u>ia ter casado</u> com ele.

Mas vamos estudar o *futuro do passado* com calma mais adiante.

O futuro do presente – simples e composto

Assim como aconteceu com o *passado mais-que-perfeito do indicativo*, o *futuro do presente* (que tem esse nome porque acontece depois do *agora*) apresentava duas formas que conviveram na língua durante algum tempo. Hoje, a forma simples tradicional (andarei, comerei, partirei, porei) está quase em total desuso na fala, também só ocorrendo com algumas pessoas em alguns ambientes e, um pouco mais frequentemente, na escrita, mas só em alguns gêneros textuais. A forma mais aceita e usada é uma forma composta que substituiu a forma simples, que fazemos com o *verbo ir no presente do indicativo* funcionando como auxiliar e *o verbo principal no infinitivo impessoal*. Esse tempo ficou, então, com duas formas compostas em uso (a tradicional, com o verbo *ter*, e a mais usual, com o verbo *ir*) e nenhuma simples. Vejamos a primeira delas nos exemplos a seguir:

- Hoje, vou comer uma pizza daquelas!
- No ano que vem, a Maria vai passar na Europa.
- Acho que eles vão se dar bem com esse negócio.

Em todos esses casos, não importa quanto tempo no futuro o evento ocorrerá, ou pensamos que ocorrerá. O tempo apenas *expressa um evento que acreditamos que ocorrerá depois do momento da fala.*

A outra forma do futuro do *presente do indicativo*, a composta tradicional, era feita com *o verbo auxiliar no futuro do presente tradicional + o verbo principal no particípio*. O resultado era *terei cantado, terá cantado, teremos cantado* etc. Como os falantes substituíram a forma tradicional deste tempo por uma composta (*terei = vou ter; terá = vai ter; teremos = vamos ter*), a mesma substituição ocorreu nessas formas compostas tradicionais, que, hoje, ocorrem assim: *vou ter cantado, vai ter cantado, vamos ter cantado.*

Essa forma composta do *futuro do presente do indicativo* aparece em harmonia com o *futuro do subjuntivo* (*quando eu cantar, quando eles cantarem, se a gente cantar*). É interessante que, nessa harmonia, o *futuro do subjuntivo* fica além, mais para o futuro, do que o *futuro do presente do indicativo*. Veja:

- Quando o chefe <u>chegar</u>, eu já <u>vou ter acabado</u> o serviço.
- Quando o médico <u>atender</u>, o doente já <u>vai ter morrido</u>.
- Se o dinheiro <u>sair</u>, o prazo da conta já <u>vai ter vencido</u>.

Perceba que, nesse tipo de harmonia, nós vamos para um futuro possível, lá longe, e voltamos para o *futuro do presente composto*, quando a ação já terá acontecido, mas tudo isso no futuro, ou seja, depois do *agora*. Veja a representação:

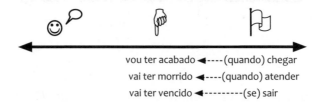

Nessa harmonia temporal, o *futuro do presente do indicativo* expressa um evento que já vai ter ocorrido no futuro antes de um outro evento que prevemos que também venha a acontecer.

O futuro do passado – simples e composto

O *futuro do passado do indicativo*, por sua vez, é um tempo que estabelece harmonia com o *passado imperfeito do subjuntivo*. Como já vimos, o *passado imperfeito do subjuntivo* indica uma condição (se eu *tivesse*, se eu *pudesse*, se eu *soubesse*) e o *futuro do passado do indicativo* é condicionado a essa exigência que vem expressa pelo *passado imperfeito do subjuntivo*. Por isso ele é chamado de "futuro do passado", porque é um "futuro" (ou seja, um tempo que acontece/deveria se localizar depois), mas um futuro de algo definido no passado como uma condição. Como no *futuro do presente do indicativo*, o *futuro do passado do indicativo* também já teve duas formas que conviveram na língua por algum tempo, uma simples e uma composta. Porém, a forma simples foi substituída por uma composta e acabou ficando com duas formas compostas em uso. A forma simples tradicional quase não é usada, exceto por poucas pessoas, em poucos ambientes ou na escrita (como já disse, o uso de formas verbais compostas é uma tendência clara do PB).

Essa forma composta que substituiu a forma simples, inicialmente, era formada pelo *verbo ir funcionando como auxiliar e conjugado no próprio futuro do passado do indicativo* (*iria, iríamos, iriam*). Mas, atualmente, se usa uma forma reduzida dessa conjugação, que ficou igual ao *passado imperfeito do indicativo do verbo ir* (*ia, íamos, iam*).

Na verdade, só não podemos dizer que se trata de um *passado mais-que-perfeito composto do indicativo* porque este tempo é formado com o *verbo auxiliar no passado imperfeito do indicativo* + o *verbo principal no particípio* (*tinha feito, tinham comido, tínhamos acabado*) enquanto o *futuro do passado do indicativo* o é com o *verbo principal no infinitivo* (*ia fazer, iam comer, íamos acabar*). Note isso: na forma

O estudo dos verbos na educação básica

composta atual, a que substituiu o *passado perfeito simples* tradicional, o verbo principal vem *sempre no infinitivo impessoal.* Veja os exemplos:

- Se ele <u>tivesse</u> recursos <u>ia estudar</u> no estrangeiro.
- Se eu <u>pudesse</u>, <u>ia trocar</u> de carro loguinho.
- Se a gente <u>comprasse</u> a moto, <u>ia viajar</u> este ano.

Acho bastante interessante que, nesta harmonia entre *passado imperfeito do subjuntivo* e *futuro do passado do indicativo*, o *passado imperfeito do subjuntivo* ainda é um tempo passado, mas que parece invadir o *agora*. É bem diferente do que acontece com a harmonia entre o *passado imperfeito do subjuntivo* e o *passado mais-que-perfeito do indicativo* que estudamos anteriormente, em que tudo ocorre antes do *agora*. Note essa diferença:

Harmonia entre o *passado imperfeito do subjuntivo* e o *futuro do passado do indicativo*:

- Se ele <u>tivesse</u> recursos, <u>ia estudar</u>. Se tivesse quando? Antes ou agora.
- Se eu <u>pudesse</u>, <u>ia trocar</u>. Se pudesse quando? Antes ou agora.
- Se a gente <u>comprasse</u>, <u>ia viajar</u>. Se comprasse quando? Antes ou agora.

90

Harmonia entre o *passado imperfeito do subjuntivo* e o *passado mais-que-perfeito do indicativo*:

- Se a gente <u>soubesse</u>, não <u>tinha comprado</u>. Se soubesse quando? Antes.
- Se eu <u>tivesse dinheiro</u>, <u>tinha estudado</u>. Se tivesse quando? Antes.
- Se ela <u>conhecesse</u>, não <u>tinha casado</u>. Se conhecesse quando? Antes.

Então, pode-se ver que, na harmonia com o *futuro do passado do indicativo*, o *passado imperfeito do subjuntivo* apresenta uma condição que é mais durativa, ou seja, que nasce no passado, mas que perdura até, pelo menos, o momento em que se está falando a sentença.

Podemos representar essa forma composta do *futuro do passado do indicativo* da seguinte maneira:

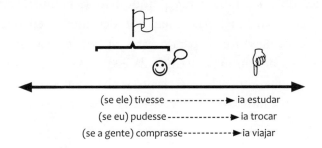

Como você pode constatar, o sentido desse tempo, nessa forma e nessa harmonia é o de *expressar um evento que poderia acontecer no futuro, depois do agora, se uma condição fosse cumprida antes ou agora.*

Com a forma composta tradicional, que era constituída pelo *verbo ter conjugado no próprio futuro do passado* + *o verbo auxiliar no particípio*, aconteceu a mesma coisa que ocorreu com o *futuro do presente do indicativo*, ou seja, as formas *teria, teriam, teríamos*, foram substituídas por *ia ter, iam ter, íamos ter*. Dessa forma, assim como aconteceu com o *futuro do presente do indicativo*, agora, a forma antes tradicionalmente composta por dois verbos, aparece com três verbos na locução. Vamos retomar os exemplos que dei anteriormente:

- Se a gente <u>soubesse</u> da alta do dólar, não <u>ia ter comprado</u> as passagens.
- Se eu <u>tivesse</u> dinheiro, <u>ia ter estudado</u> no estrangeiro.
- Se ela <u>conhecesse</u> bem o sujeito, não <u>ia ter casado</u> com ele.

Note como, nesta harmonia, o evento aconteceu antes do *agora* justamente porque não se cumpriu uma condição qualquer. Mais uma vez, devemos notar que a diferença dessa forma para o *mais-que-perfeito composto* é a presença de um *infinitivo*, que dá essa sensação de futuro, mesmo que, como disse, o evento tenha ocorrido antes do *agora*. Podemos fazer a representação desse tempo assim:

(se) soubesse ----▶ (não) ia ter comprado
(se) tivesse --------▶ ia ter estudado
(se) conhecesse -----▶ (não) ia ter casado

Muito bem. Até aqui vimos todos os tempos que são preditos para o indicativo pelas gramáticas tradicionais e como eles acontecem na nossa fala cotidiana do PB. Que tal montar um quadro comparativo para verificar os tempos que já aprendemos? Vamos a ele:

Quadro comparativo dos tempos verbais segundo a gramática tradicional e de acordo com a forma mais aceita de PB atual – modo indicativo:

Tempos	Modo indicativo (verbo cantar)	
	Formas segundo a gramática tradicional	Formas mais aceitas no PB
Agora	-	estou cantando
Presente	canto	canto
Passado perfeito	cantei	cantei
Passado perfeito composto	tenho cantado	tenho cantado
Passado imperfeito	cantava	cantava
Passado mais-que-perfeito	cantara	-
Passado mais-que-perfeito composto	tinha cantado	tinha cantado
Futuro do presente	cantarei	vou cantar
Futuro do presente composto	terei cantado	vou ter cantado
Futuro do passado	cantaria	ia cantar
Futuro do passado composto	teria cantado	ia ter cantado

Vale sempre ressaltar que os alunos da educação básica devem ser levados a conhecer todas essas formas, saber quando e como usá-las, se desejarem ou se precisarem. Considero imperativo que eles saibam o que significa cada tempo, como ele é usado e para que serve em nossa cultura, que é expressa por nossa língua. Assim, o estudo dos verbos se tornará mais atrativo e inteligente.

O estudo dos verbos na educação básica

Podemos discutir os efeitos de sentido e as diferenças de interpretação. Além disso, é interessante que eles sejam capazes de representar esses tempos nas diferentes harmonias.

Quando ensino esse conteúdo nas turmas de Licenciatura em Letras, uma das coisas que mais ouço é: "Por que não nos ensinaram isso antes, se é tão interessante e legal de se estudar?". E muitos completam: "Finalmente, eu entendi os nomes desses tempos e o que eles representam!". Não é uma pena que os alunos precisem chegar a uma faculdade de Letras para entender os verbos que falam e que estudaram por onze anos na educação básica? Eu acho que sim. Então, passemos aos tempos do subjuntivo.

Modo subjuntivo

Bem diferente do modo indicativo, pelo qual expressamos nossa "quase certeza" de que as coisas aconteceram ou vão acontecer, pelo *modo subjuntivo* expressamos eventos que podem um dia acontecer, desejamos ou não que aconteçam, sem certeza alguma: são apenas possibilidades. O subjuntivo é o modo do "tomara", do "quem sabe", do "talvez".

Assim, todos os tempos do subjuntivo refletem esse *sentido temporal de incerteza em relação aos eventos.* Vamos a eles, então.

O presente

Costumo chamar o *presente do subjuntivo* de "tempo do tomara". Primeiramente, podemos perceber que, do mesmo jeito que o *presente do indicativo* (e diferentemente do *agora*) o *presente do subjuntivo* não trata de um evento que está ocorrendo neste momento. Embora esse tempo se chame "presente", o *sentido temporal desse tempo trata de algo que queremos (ou não) que aconteça no futuro*. Veja os exemplos a seguir:

- Tomara que eu <u>passe</u> no vestibular!
- Estou torcendo para que minha mãe <u>consiga</u> ganhar um aumento.
- Vamos rezar para que ele não <u>volte</u>!

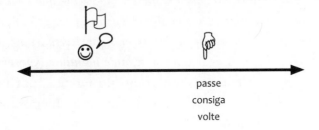

passe
consiga
volte

Como se pode ver, esses verbos expressam o desejo de que um evento se realize (ou não) no futuro. Veja que pode ser em um futuro próximo ou em um futuro distante. Deseja-se neste momento que isso venha ou não se materializar adiante. Mais uma vez, não é um "presente" como nos ensinaram a entender esse tempo (bem, pelo

O estudo dos verbos na educação básica

menos a mim, quando criança, ensinaram que o presente é o "agora". Só bem depois foi que percebi que os dois tempos que as gramáticas normativas chamam de presente quase nunca falam do agora...).

O passado perfeito composto

O *passado perfeito composto do subjuntivo* é formado da mesma maneira que o *passado perfeito do indicativo*, ou seja, com o *verbo auxiliar no presente do mesmo modo + verbo principal no particípio.*

Embora ele se chame passado (lembre-se de que passado é algo que acontece antes de um ponto no tempo), esse tempo *serve para expressar um evento que pode ter acontecido antes ou depois do agora (ou seja, pode ser no passado ou futuro em relação ao agora), mas que deverá ter acontecido (ou não) antes de um ponto definido no futuro* (Observe que, como é "antes de um ponto no tempo", por isso mesmo é chamado de *passado*). Confuso? Nem tanto. Veja os exemplos:

- Quando ele <u>chegar</u>, espero que eu <u>tenha acabado</u> o serviço.
- Se ela <u>for</u> ao Rio de Janeiro este ano, tomara que as brigas já <u>tenham terminado</u>.
- Minha mulher já <u>vai chegar</u> da rua, e espero que ela <u>tenha achado</u> meu remédio.

Veja como é interessante esse fato de o evento desse verbo poder acontecer antes ou depois do momento da fala. No primeiro exemplo, fica claro que ele não acabou o serviço ainda, logo, o evento de "acabar o serviço" está no futuro. Mas, nos outros dois exemplos, as brigas já podem ter terminado no momento em que se falou a frase, bem como, minha mulher já pode ter achado o remédio na hora em que eu digo a sentença. Ou seja, esse tempo se "calcula" mesmo é em relação ao MR lá no futuro. É esse MR no futuro que se define como limite para que o evento tenha já ocorrido antes, logo, no passado em relação a esse mesmo limite.

O passado imperfeito

O sentido temporal do *passado imperfeito do subjuntivo* é o de *expressar um evento que deveria ter acontecido como condição para que outro evento ocorra*. Portanto, é o tempo do "se". Já vimos que esse tempo ocorre em harmonia com outros como, por exemplo, o *futuro do passado do indicativo*. Vamos ver mais alguns exemplos:

- Se ela tivesse emprego, não ia precisar da bolsa.
- O João sabia que, se ele faltasse, não ia ganhar o prêmio.
- Se a encomenda chegasse, a gente ia saber isso direitinho.

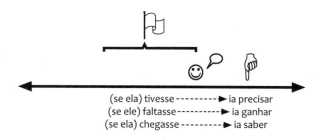

O passado mais-que-perfeito composto

O *passado mais-que-perfeito composto do subjuntivo* é montado com a mesma fórmula desse tempo no indicativo, ou seja, o *verbo auxiliar no passado imperfeito do mesmo modo* + *o verbo principal no particípio*, que dá a sensação de passado ao tempo (já vimos que o particípio funcionando no verbo principal dá sensação de passado e o infinitivo dá sensação de futuro).

Esse tempo empresta do *passado imperfeito do subjuntivo* aquele sentido de condição. Porém, enquanto o *passado imperfeito* expressa um evento que, embora seja uma condição, ainda tem a possibilidade de se realizar, no caso do *mais-que-perfeito composto, a sensação que o sentido temporal nos passa é de que essa condição não se realizou nem pode se realizar até o agora* (depois, até é possível, mas até o *agora* é impossível). Vamos observar como isso acontece. Note, nesses exemplos, que a harmonia ditada pela gramática tradicional é desse tempo com o *futuro do passado do indicativo*. Entretanto, da mesma forma como acontece com o *passado imperfeito do subjuntivo*, a harmonia mais usual e aceita popularmente é com o *passado imperfeito do subjuntivo*:

Harmonia prescrita como tradicional:

- Se eu tivesse conseguido a passagem, eu já teria/ia ter viajado.
- Se o João tivesse acabado o curso, até poderia/ ia poder fazer o concurso agora.
- Maria até poderia/ia poder comprar a máquina se já tivesse recebido o salário.

Harmonia usual e mais aceita:

- Se eu tivesse conseguido a passagem, eu já tinha viajado.
- Se o João tivesse acabado o curso, até podia fazer o concurso agora.
- Maria até podia comprar a máquina se já tivesse recebido o salário.

Vamos ver a representação desse tempo, que não muda independentemente da harmonia escolhida:

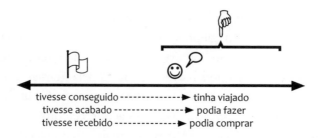

Veja que sentido temporal interessante este: *a condição expressa pelo mais-que-perfeito composto do subjuntivo está sempre antes do agora* (isto é, no passado em relação ao agora). Então, ela é diferente do *mais-que-perfeito composto do indicativo*, cujo nome tem sentido lá porque o evento se desenrola antes do tempo *perfeito*. Então: *mais-que-perfeito > perfeito*. Porém, aqui no subjuntivo, o *mais-que-perfeito* não toma o *perfeito* como MR e é, na verdade relacionado ao *agora*: *mais-que-perfeito > agora*. Logo, esse nome "mais-que-perfeito composto do subjuntivo" não é bom! Ele pode confundir o aluno, quando ele comparar com o tempo do mesmo nome do modo indicativo, pois é uma construção diferente. O sentido temporal, aqui, parece mais um *passado imperfeito composto do subjuntivo*. Então, ficaríamos assim:

- *passado imperfeito simples do subjuntivo* – condição que pode se realizar até o agora;
- *passado imperfeito composto do subjuntivo* – condição que não pode se realizar até o agora.

Mas, infelizmente, isso não é assim e está definido há muito tempo, é uma tradição difícil de mudar... Então, devemos chamar a atenção dos alunos para mais essa incoerência e mostrar a eles que tempos com o mesmo nome (*mais-que-perfeito* – do *indicativo* e do *subjuntivo*) são, na realidade, diferentes em sua cronologia e sentidos, mostrando que cada um deles tem um uso e uma função diferentes.

O futuro – simples e composto

Ao *futuro do subjuntivo* eu costumo chamar de "tempo do esperançoso". É o tempo do "se-um-dia-quem-sabe", muito usado no cotidiano, e *expressa um evento que pode ou não vir a acontecer no futuro*. Esse é o tempo que usamos para expressar, por exemplo, eventos relativos *a um desejo, a um anseio, a um sonho futuro*, ou *a um medo, a um temor ou a algo que não queremos que aconteça*. Veja os exemplos:

- Quando eu <u>ganhar</u> na Mega-Sena, vou realizar todos os sonhos da minha mãe!
- Se eles <u>morrerem</u>, a gente vai ter problemas graves aqui...
- Se ela <u>casar</u> com o João, ele vai ser o homem mais feliz do mundo!

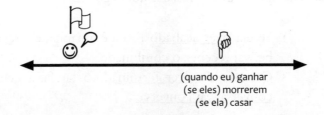

(quando eu) ganhar
(se eles) morrerem
(se ela) casar

O estudo dos verbos na educação básica

Note que a construção desse tempo é muito simples: pretende-se que o evento aconteça (ou não) depois do *agora*, que é, neste caso, MF e MR do *futuro do subjuntivo*. Porém, também podemos notar que ele assume uma harmonia interessante com o *futuro do presente do indicativo*. Se, por um lado, é bem comum ver o *futuro do indicativo* funcionando sozinho (<u>Vamos andar</u> de bicicleta), por outro, o *futuro do subjuntivo* parece sempre querer a companhia do "colega" do indicativo (<u>Se</u> a gente <u>ganhar</u> uma bicicleta... a gente <u>vai andar</u>).

Já o *futuro composto do subjuntivo*, formado com *o verbo auxiliar no futuro do subjuntivo + o principal no particípio* (lembre que, se por um lado, *futuro* expressa a ideia de "para a frente", o *particípio* dá a sensação de passado, "para trás") é bem complexo e tem um uso muito mais restrito: *expressa algo que deverá ter acontecido no futuro para que outra coisa venha a acontecer adiante dele, ou seja, expressa uma condição no futuro para outro evento mais no futuro ainda*. Este tempo – cronologicamente falando – é o mais complexo de nossa língua pois, em sua harmonia completa, temos três MR: um real, que é o *agora*, e um hipotético, que é lá no futuro e um terceiro, que é assumido pelo próprio tempo em relação ao segundo evento previsto. Ele assume harmonia com o *presente* ou com o *futuro do presente*, ambos do indicativo. Veja esses exemplos e as explicações que seguem:

- Se ela <u>tiver acabado</u> isso até amanhã, ela <u>recebe/vai receber</u> o combinado.
- Quando eu <u>tiver terminado</u> a tarefa, a gente <u>conversa/vai conversar</u>.

- Se a gente <u>tiver chegado</u> de viagem até lá, então a gente <u>vê/vai ver isso</u>.

Note que o falante, como sempre, está falando no *agora*, que é o tempo de referência para esse futuro. Mas esse evento definido no futuro é olhado a partir de um ponto ainda mais no futuro, ou seja, como se ele já tivesse hipoteticamente acontecido. Essa sensação de "olhar para trás" (sensação de passado) é a que o *particípio* nos transmite, como se percebe nos verbos *tiver acabado, tiver terminado, tiver chegado*. Porém, na harmonia completa, isso não termina aí: é justamente a partir do evento expresso pelo *futuro composto do subjuntivo* – que a gente nem sabe se vai acontecer de verdade mas diz "se tiver acontecido" – que se estabelece a referência para o outro evento expresso pelo *presente* ou pelo *futuro do presente do indicativo*. Viu que interessante? Um evento que nem aconteceu e é MR para outro evento possível. Como fica a representação da harmonia completa desse tempo? Bem complexa, com três MR e dois ME:

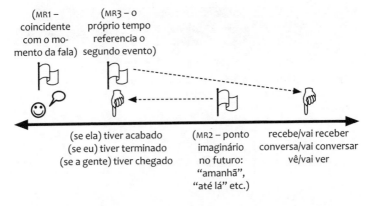

O estudo dos verbos na educação básica

Acho impressionante como usamos essas construções complexas o tempo todo sem perceber o quanto elas são incríveis e úteis. Veja que elas *refletem situações bem definidas em nossa cultura*. Tudo o que precisamos expressar, como já disse aqui, a língua tem que dar conta de fazer direitinho. Cada situação real ou imaginária que a nossa cultura prevê em relação a um evento tem uma estrutura correlata na língua para expressar. Acho isso lindo! É parte da magia de uma língua natural.

Agora que estudamos um a um os tempos do modo subjuntivo, podemos montar um quadro comparativo como o que fizemos para o modo indicativo. Vamos verificar que as diferenças entre aquilo que a gramática tradicional dita e as formas usuais e mais aceitas são menores aqui.

Quadro comparativo dos tempos verbais segundo a gramática tradicional e de acordo com a forma mais aceita no PB atual – modo subjuntivo:

Modo subjuntivo (verbo cantar)		
Tempos	**Formas segundo a gramática tradicional**	**Formas mais aceitas no PB**
Presente	(tomara que eu) cante	(tomara que eu) cante (será que eu) canto
Passado perfeito composto	(tomara que eu) tenha cantado	(tomara que eu) tenha cantado
Passado imperfeito	(se eu) cantasse	(se eu) cantasse
Passado mais-que-perfeito composto	(se eu) tivesse cantado	(se eu) tivesse cantado
Futuro	(quando/se eu) cantar	(quando/se eu) cantar (quando/se eu) for cantar
Futuro composto	(quando/se eu) tiver cantado	(quando/se eu) tiver cantado

A forma imperativa

Como explicado anteriormente, o imperativo do PB não é exatamente um *modo*, mas uma *forma* de utilização do verbo para expressar uma ordem ou pedido. A gramática tradicional afirma que só há a forma simples para o imperativo, mas os falantes usam uma forma composta, que se constrói com o verbo *ir* como auxiliar, conjugado no *presente do indicativo* ou do *subjuntivo*, conforme a região.

Afirmativo e negativo – simples e composto

Como se trata de uma forma de uso, o imperativo não se refere a nenhum evento propriamente dito. Na verdade, nem sabemos se a ordem ou pedido serão atendidos. Se fizéssemos muito esforço para enxergar essa ordem na linha do tempo, o máximo que poderíamos fazer seria visualizar que a ordem ocorre no MF e será atendida (ou não) no futuro. Algo assim:

momento da ordem ou pedido

período em que se espera que a ordem ou pedido sejam atendidos

É evidente que não se trata realmente de um modo verbal, pois sequer há possibilidade de estabelecimento de tempos para suas diferentes formas. Uma vez observado isso,

O estudo dos verbos na educação básica

podemos montar aqui um quadro comparativo entre as formas previstas pela gramática tradicional e aquelas que são mais usuais e aceitas para os imperativos negativo e afirmativo:

Quadro comparativo dos tempos verbais segundo a gramática tradicional e de acordo com a forma mais aceita no PB atual – forma imperativa:

Formas	Forma imperativa (verbo cantar)	
	Formas segundo a gramática tradicional	Formas mais aceitas no PB
Afirmativa	canta (tu) cante (você) cantemos (nós) cantai (cantai) cantem (cantem)	vá/vai cantar (tu, você) vamos cantar (nós) vai cantar (a gente) vão cantar (vocês)
Negativa	não cantes (tu) não cante (você) não cantemos (nós) não canteis (vós) não cantem (vocês)	não vá/vai cantar (tu, você) não vamos cantar (nós) não vai cantar (a gente) não vão cantar (vocês)

Embora a gramática tradicional, em relação ao imperativo, fale apenas de uma forma afirmativa e de uma negativa (pedido/ordem para realizar o evento e pedido/ordem para não realizar, respectivamente), na fala cotidiana também temos uma forma "interruptiva" ou "cessativa", isto é, um pedido ou ordem para que se interrompa um evento. Para isso, usamos, geralmente, expressões com *"parar de"*, *"chegar de"* ou *"bastar de"* + *o infinitivo* do verbo, que ficam como *para de cantar, chega de cantar* ou *basta de cantar*. Porém, como disse, essas formas tão comuns não são acolhidas tradicionalmen-

Cronologia verbal no PB

te como formas verbais, embora o sejam, evidentemente, e muito usuais. Isso não impede que mostremos isso para nossos alunos. Eles, certamente, as reconhecerão.

Antes de concluir este capítulo sobre a cronologia verbal, gostaria de ressaltar que:

1. O conteúdo sobre a cronologia verbal é para ser entendido e não para ser decorado. Ele diz respeito às necessidades expressivas dos alunos e eles saberão reconhecer as formas usuais. Então, pode-se partir das formas usuais para trabalhar de forma comparada e aditiva com as formas tradicionais, ou vice-versa, de maneira que os alunos sejam capazes de compreender os usos e sentidos de cada tempo, assim como os ambientes sociais em que as formas usuais e as formas tradicionais podem ou devem ser utilizadas.

2. Todo trabalho com verbos (assim como todo trabalho com as demais palavras da língua) deve ser feito em *contexto* e levando-se em conta os *cenários* reais de uso. Só assim o verbos adquirem seu sentido pleno e permitem uma análise em uso real. É essa análise em uso real que se torna prazerosa para os alunos, pois é nela que eles enxergam sua própria língua e as funções de cada tempo.

3. Além disso, pode-se ver que não é possível ensinar toda essa cronologia em uma ou duas aulas: é preciso tempo! É muita informação e muito nome "estranho" de tempo verbal para que o aluno se

lembre de cada um, de como ele funciona, de como se estabelece na linha do tempo. É necessário trabalhar aos poucos: ensina-se um tempo e se faz exercícios com esse tempo. Só depois, um outro tempo e exercícios com esse tempo, e assim por diante. Quando os PCN são seguidos pela escola, esse tempo maior para ensinar e exercitar existe, pois não há acúmulo de conteúdo a cada bimestre, como ocorria nos currículos enciclopédicos tradicionalistas.

Aliás, para encerrar a parte de cronologia, que tal montar um quadro geral, com todas as formas usuais e suas funções? Vamos fazer isso usando como exemplo o mesmo verbo regular de primeira conjugação bem conhecido, usado antes: *cantar*.

Cronologia verbal no PB

Verbo *cantar* – Formas usuais mais aceitas e suas funções culturais e expressivas				
Modo	**Tempo**	**Verbo conjugado na primeira pessoa singular**	**Para que se usa?**
MODO INDICATIVO	Agora	estou cantando	Falar de algo que está acontecendo agora.
	Presente	canto	Falar de algo que pode acontecer em qualquer tempo.
	Passado perfeito	cantei	Falar de algo pontual que já aconteceu antes do agora.
	Passado perfeito composto	tenho cantado	Falar de algo que tem acontecido há algum tempo e dura até o agora.
	Passado imperfeito	cantava	Falar de algo que aconteceu por algum tempo, mas já não acontece mais.
	Passado mais-que-perfeito composto	tinha cantado	Falar de algo que tinha acontecido antes de outra coisa que aconteceu logo após.
	Futuro do presente	vou cantar	Falar de algo que vai acontecer no futuro.
	Futuro do presente composto	vou ter cantado	Falar de algo que já vai ter acontecido no futuro quando outra coisa vier a acontecer.
	Futuro do passado	ia cantar	Falar de algo que poderia (ou até poderá) acontecer, mas que não aconteceu ainda porque alguma condição não foi cumprida.
	Futuro do passado composto	ia ter cantado	Falar de algo que poderia ter acontecido, mas que não aconteceu (e parece que não vai mais acontecer) porque alguma condição não foi cumprida.
MODO SUBJUNTIVO	Presente	(tomara que eu) cante (será que eu) canto	Falar de algo que se espera que venha a acontecer, ou não, depois de agora.
	Passado perfeito composto	(tomara que eu) tenha cantado	Falar de algo que se espera que já tenha acontecido quando outra coisa determinada vier a acontecer.
	Passado imperfeito	(se eu) cantasse	Falar de algo que deve acontecer como condição para que outra coisa aconteça.
	Passado mais-que-perfeito composto	(se eu) tivesse cantado	Falar de algo que não aconteceu até agora e que, se tivesse acontecido, teria permitido que outra coisa acontecesse.
	Futuro	(quando/se eu) cantar (quando/se eu) for cantar	Falar de algo que talvez aconteça depois de agora.
	Futuro composto	(quando/se eu) tiver cantado	Falar de algo que, se vier a acontecer no futuro, poderá servir de condição para que outra coisa aconteça.

O estudo dos verbos na educação básica

FORMA IMPERATIVA	Afirmativa	vá/vai cantar (tu, você) vamos cantar (nós) vai cantar (a gente) vão cantar (vocês)	Dar ordem ou fazer pedido.
	Negativa	não vá/vai cantar (tu, você) não vamos cantar (nós) não vai cantar (a gente) não vão cantar (vocês)	Dar ordem ou fazer pedido.
	Interruptiva/ cessativa	para de/ chega de/ basta de cantar	Dar ordem ou fazer pedido para que algo em andamento seja interrompido.
FORMAS NOMINAIS	Infinitivo impessoal	cantar	Falar de um verbo de maneira genérica; constituir formas verbais compostas com um sentido de futuro ou de atemporalidade.
	Infinitivo pessoal	cantar cantarmos cantarem	Falar de um evento com presença de sujeito, sem noção de tempo ou, ainda, com sentido de futuro.
	Gerúndio	cantando	Falar de algo em andamento; constituir formas verbais compostas com sentido de algo durativo.
	Particípio	cantado	Falar de algo finalizado; constituir formas verbais compostas dando um sentido de passado.

Observações:
a. veja como o passado mais-que-perfeito simples (cantara) não aparece na tabela, pois não é uma das formas mais aceitas na língua;
b. da mesma forma, os futuros do presente (cantarei) e do passado (cantaria) não aparecem mais na forma simples, que é substituída por uma forma composta (vou cantar/ ia cantar) que, porém, não exclui aquela tradicionalmente composta com o auxiliar "ter" (vou ter cantado/ ia ter cantado). Isso ocorre porque os sentidos e usos culturais são diferentes de uma forma para a outra.

Você contou? Isso mesmo: são vinte e três tempos/formas verbais ativas usualmente utilizadas no Brasil. Decorar isso? Nem pensar... Entender? Sim! Compreender os usos e saber como tirar proveito de cada uma dessas formas? Claro! Praticar até que se tornem automáticas e façam parte das habilidades expressivas dos alunos? Com certeza!

Os tipos de verbo e a estrutura da frase

O último ponto que precisamos trabalhar com os alunos da educação básica a respeito dos verbos é sua atuação na estrutura das frases. Isso é para ser visto quando se iniciar o estudo da sintaxe, a partir do 8º ou 9º ano do ensino fundamental, de acordo com os PCN.
Esse estudo implica:

a. identificar os verbos na frase;
b. verificar os tipos de relações existentes entre os verbos e os demais termos da frase;
c. verificar o sentido específico de cada verbo na frase.

Um estudo detalhado desse assunto já foi desenvolvido em Ferrarezi Jr. (2012a) e, portanto, não será retomado

O estudo dos verbos na educação básica

integralmente aqui. Por ora, bastará ver a questão de forma reduzida e algumas atividades que preparam os alunos para o posterior estudo da sintaxe.

Verbos como a base da frase

A palavra que funciona como base da concordância em nossa língua é o *nome* (substantivo). É a palavra mais importante da estrutura frasal do PB, pois dela depende toda a concordância nominal e verbal. Porém, *tradicionalmente, o verbo é tomado como centro da frase*, por duas razões muito práticas:

1. embora existam frases sem verbos, o mais comum é que elas tenham verbos e, nesse caso (em que as frases se chamam "orações"), os verbos podem até aparecer sozinhos;
2. nas frases em que o verbo existe, ele é o grande "dedo-duro" da frase e denuncia sua estrutura básica, pois, a partir dele, podemos verificar a existência de sujeito, complementos e outros elementos. Isso nos dá a impressão de centralidade dos verbos.

Assim sendo, um primeiro exercício muito útil como preparação para os estudos de sintaxe dos anos finais da educação básica é o de localizar verbos em textos e frases. Apenas localizar: nada mais do que isso, pois já é uma boa atividade

Os tipos de verbo e a estrutura da frase

para alunos nessa fase. Depois, aqueles exercícios de mudança de tempo verbal podem ser implementados como forma de reforçar a identificação. Finalmente, pode-se propor que os alunos substituam verbos por outros de sentido semelhante para verificar as implicações de sentido e de estrutura.

A segunda parte é verificar o funcionamento dos verbos na frase. Vejamos.

Verbos que exigem e verbos que não exigem sujeito

Há verbos que exigem sujeito (chamados de "verbos pessoais") e verbos que não exigem sujeito (chamados de "impessoais"). Vejamos alguns exemplos:

Verbos com sujeito (o sujeito vem sublinhado assim ‿):

- João comprou um carro novo. Mas, Maria não gostou. A mãe do João disse que ele se casou muito mal.

Verbos sem sujeito:

- Há muita gente que não suporta os raios. Alguns ficaram com muito medo quando trovejou na noite de ontem.

113

Quando o verbo ocorre com sujeito, deve concordar com ele em número e pessoa. Embora alguns teóricos insistam em dizer que essa concordância não existe mais, isso é falso. Na verdade, você nunca verá um falante nativo da língua dizer "eu canta", pois isso seria um tipo de erro fatal em relação à concordância de pessoa. O que ocorre é o seguinte: a concordância de pessoa entre sujeito e verbo se dá com base em dois traços semânticos gramaticalizados, como vimos – número e pessoa.

Há uma hierarquia, uma importância maior de um traço em relação ao outro e é exatamente essa hierarquia que está definindo o processo de mudança da língua nesse quesito. Para a conjugação dos verbos, o traço de pessoa é mais importante na língua do que o traço de número, ou seja, é hierarquicamente superior na gramática, nas regras que comandam a língua. E, dentro do traço de pessoa, o traço de 1ª pessoa é mais forte do que o de 3ª e de 2ª, respectivamente. Por essa razão, é muito comum que se veja o traço de número ser deixado de lado em estruturas como "eles canta" e "as coisa parece". Da mesma forma, o traço de 2ª pessoa quase sumiu engolido pelo traço de 3ª pessoa. Por isso temos estruturas como "tu vai", "vocês vão" ou "vocês vai". Porém, o traço que mais nos choca quando é desrespeitado (o que mais resiste, justamente porque é o mais forte na hierarquia) é o de 1ª pessoa, que desaparece em estruturas como "nós vai", muito marcadas por preconceito nos usos da língua. Um dia é possível que ele também desapareça na 1ª pessoa plural, de forma que

Os tipos de verbo e a estrutura da frase

fiquemos apenas com a 1ª pessoa singular diferenciada (*eu vou*) e as demais todas iguais (*tu/você/a gente/nós/vocês vai*). Ainda assim, se um dia isso vier a acontecer, ainda lá nesse futuro haverá concordância entre sujeito e verbo no PB! Mas, veja que toda essa conversa se refere às formas de fala cotidianas e em alguns grupos de falantes. Na escrita e nas falas mais formais, a própria sociedade cobra a concordância que demos aqui como a mais aceita (*eu vou, você/a gente vai, nós vamos, vocês vão*). Fugir disso é muito complicado e muito cobrado: pode custar um emprego ou até mesmo o respeito de alguém. Por isso, os alunos da educação básica precisam entender esses processos de concordância e a importância que eles têm no ambiente social, uma vez que são dos principais elementos objetos de preconceito linguístico. Como dito ateriormente, reforço que, para fazer os alunos entenderem isso, nada como exercícios comparativos de diversas formas de falar, em que eles passem textos de um registro da língua para outro e entendam porque essas diferenças ocorrem e como usá-las.

Verbos que exigem e verbos que não exigem complemento

Da mesma forma que em relação ao sujeito, há verbos que exigem complementação verbal e outros que não a exigem. Mas, bem diferente do que ocorre com o sujeito, os verbos não concordam com seus complementos.

O estudo dos verbos na educação básica

Há dois tipos de complementos para verbos: os complementos essenciais ao sentido do verbo, que o definem (chamados de *complementos verbais*) e os complementos que não são essenciais e que não definem o sentido do verbo (chamados de *complementos adverbiais*, e que as gramáticas tradicionais chamam de "adjuntos adverbiais"). A diferença entre um e outro só pode ser definida no contexto e no cenário, ou seja, quando a língua está em uso. Veja os exemplos seguintes:

- Esse cara come muito!
- Esse cara só come dia sim, dia não.
- Esse cara comeu a vez na fila.
- Esse cara comeu o bolo todo.

Tradicionalmente, o verbo *comer* é dado como "sempre exigindo complemento". De forma predefinida e fora de contexto e cenário adequados que permitam definir o sentido dos verbos, isso é falso com este verbo e com qualquer outro. Nenhum deles exige ou deixa de exigir complemento fora de um uso real em ambiente linguístico. Uma palavra "solta" não exige nada, pois sequer sabemos o sentido que ela tem. Veja o que acontece nos dois primeiros exemplos:

- Esse cara come muito!
- Esse cara só come dia sim, dia não.

Os tipos de verbo e a estrutura da frase

Aqui, o verbo *comer* é usado em uma forma muito comum em nosso país, com um sentido genérico de "alimentar-se", sem a necessidade de especificar o que se come. Simplesmente "as pessoas comem" e ponto. Os complementos "muito", "só... dia sim dia não" dão ideias de *quantidade* e de *tempo*, respectivamente. São de natureza adverbial e não alteram o sentido estrito do verbo que, nos dois casos, é o de "alimentar-se" mesmo. Agora veja os dois últimos exemplos:

- Esse cara comeu a vez na fila.
- Esse cara comeu o bolo todo.

Veja a diferença de sentido do verbo *comer* nestas frases: "a vez na fila" é um complemento que define que o verbo *comer* e não se refere a "alimentar-se", ao passo que "o bolo todo", especifica que, na frase em que apareceu, o sentido é mesmo de "alimentar-se". Esses dois complementos estão definindo a *essência de sentido do verbo* (por isso dissemos que são essenciais ao verbo). É a partir deles que sabemos que um é "comer" no sentido de "furar a fila" e o outro é no sentido de "alimentar-se". Por isso são chamados de *complementos verbais*.

O critério que usamos para definir se um complemento é verbal ou adverbial é um critério semântico, isto é, ligado ao sentido do verbo na frase. Ele é chamado de *critério de essencialidade verbal*, pois se baseia na ideia de que

O estudo dos verbos na educação básica

apenas os complementos verbais definem o sentido essencial de um verbo.

O verbo que aparece com complemento em uma frase está funcionando como *verbo transitivo*, e aquele que aparece sem uma relação essencial com um complemento é chamado de *verbo intransitivo*.

Vale lembrar que um verbo transitivo, isto é, o que aparece com complementos verbais, também pode ser associado, na mesma frase, a complementos adverbiais (ou seja, complementos com ideias circunstanciais) que ajudam na expressão global do pensamento da frase, mas que não atuam definindo o sentido mais próprio do verbo.

Assim, relembremos: nenhum verbo "é", por si só, transitivo ou intransitivo. A transitividade é uma circunstância assumida temporariamente pelo verbo no ambiente da frase. Logo, ele pode *estar ou não estar funcionando como transitivo ou intransitivo* no contexto.

Verbos que fazem ligações entre o sujeito e o complemento

Um tipo bem interessante de verbo transitivo em nossa língua é o chamado *verbo de ligação*. Alguns gramáticos antigos o chamavam de *verbo translúcido*. Gosto muito desse nome, porque é poético e demonstra que o verbo deixa a concordância nominal passar por ele para o complemento verbal (que, nesse caso, é chamado, tradi-

118

Os tipos de verbo e a estrutura da frase

cionalmente, de *predicativo*). Analise os exemplos a seguir, e veja que nos primeiros quatro não interessa se o sujeito é masculino singular ou plural, feminino singular ou plural: o complemento verbal nunca muda. Nos quatro últimos, com verbos de ligação, o complemento é afetado pelo gênero e pelo número do sujeito:

- O cachorro mordeu o menino.
- Os cachorros morderam o menino.
- A cadela mordeu o menino.
- As cadelas morderam o menino.

- Aquele cachorro é perigoso.
- Aqueles cachorros são perigosos.
- Aquela cadela é perigosa.
- Aquelas cadelas são perigosas.

Observou como há uma diferença no comportamento do complemento em relação ao sujeito nos dois grupos de exemplos, e que isso é decorrente do tipo de verbo? Só para lembrar algo que já vimos lá atrás: quando um verbo está funcionando como um verbo de ligação ele não consegue funcionar em locuções verbais com particípio.

Vamos resumir o que vimos até aqui sobre a interferência do verbo na estrutura da frase (observe que isso é realmente importante para seu aluno de educação básica, especialmente no que concerne aos estudos da sintaxe):

a. a possibilidade de relação dos verbos com sujeitos e complementos é chamada de "estrutura argumental do verbo". Para definir a estrutura argumental do verbo usamos dois critérios diferentes:

1. para definir a "pessoalidade", ou seja, para saber se o verbo está pessoal ou não, se aceita sujeito ou não em uma determinada estrutura, usamos o critério da concordância verbal. Se existe algum termo na frase ou alguma marcação desinencial no próprio verbo que define a pessoa em que o verbo aparece, esse verbo está pessoal. O critério da concordância verbal é um critério sintático;

2. para definir a "transitividade", ou seja, para saber se o verbo está transitivo ou intransitivo, se aceitará complemento verbal ou apenas complemento adverbial, usamos o critério da essencialidade, que é um critério semântico e que consiste em verificar se o sentido essencial do verbo é definido por algum complemento presente na frase. Note que, por ser um critério semântico, pode haver diferenças de interpretação entre as pessoas que estiverem analisando a frase;

2a. No caso dos verbos transitivos, ainda ocorre, em português, um tipo especial que, além de aceitar complemento, ainda permite uma ligação por concordância nominal entre o sujeito e o complemento verbal. Nesse caso, o verbo está na forma de "verbo de ligação".

Os tipos de verbo e a estrutura da frase

Assim como ocorre com os demais verbos, praticar com os alunos a localização e a identificação do tipo de verbo em cada frase é uma boa base para os exercícios de sintaxe que virão depois do 9° ano (isso se os PCN forem respeitados). Ao trabalhar isso sistematicamente com os alunos, evitamos que eles (e o professor deles) sofram na hora de iniciar as análises da estrutura frasal. Porém, nessa fase dos estudos de morfologia, eles não precisam identificar a estrutura completa da frase, mas apenas o verbo e seu sentido (o que permite identificar se o verbo está funcionando como pessoal ou impessoal, transitivo (comum), transitivo (de ligação) ou intransitivo.

Uma última conversa, por ora...

Trabalhei durante quase uma década com alunos da educação básica e mais de duas décadas com alunos da educação superior. Nos dois níveis, os traumas e tristezas com relação ao estudo dos verbos são evidentes. Mas, por que tem que ser assim? Não tem! É possível estudar os verbos – ou qualquer outra categoria lexical – de forma que o estudo faça sentido para os alunos, seja instigante, agradável e parta daquilo que eles já conhecem para o que as gramáticas ditam e a sociedade cobra sob o risco de preconceito.

O Brasil já sabe o que não se deve fazer em relação ao ensino de línguas. Os PCN são de 1996! Há quase vinte anos os estudiosos da linguagem tentam apresentar aos professores da educação básica o que fazer e como fazer, no intuito de ajudá-los a mudar a educação brasileira.

O estudo dos verbos na educação básica

Mas é preciso que haja *disposição de mudar.* Uma disposição que não pode nascer em livro algum, em lei alguma, em obrigação alguma: ela só pode nascer na vontade de um professor que quer o melhor para seus alunos. É por acreditar que isso seja possível, que esse professor existe, que ele não é parte da minoria e que as mudanças estão em curso, que continuo escrevendo livros como este. Se ele ajudar um único professor a melhorar o ensino de português para seus alunos, já terá valido a pena cada minuto de sua feitura.

Bibliografia

CASTILHO, A. *Nova gramática do português brasileiro*. São Paulo: Contexto, 2010.
FERRAREZI JR., C. *Ensinar o brasileiro*: respostas a 50 perguntas de professores de língua materna. São Paulo: Parábola, 2007.
————. *Sintaxe para a educação básica*. São Paulo: Contexto, 2012a.
————. *Qual é o problema das gramáticas normativas*. Santos: Artefato Cultural, 2012b. (e-book)
————.; TELES, I. M. *Gramática do brasileiro*: uma nova forma de entender a nossa língua. São Paulo: Globo, 2008.
GONÇALVES, Sebastião C. L. et al. (orgs.). *Introdução à gramaticalização*. São Paulo: Parábola, 2007.
HUBER, Joseph. *Gramática do português antigo*. Lisboa: Fundação Calouste Gulbenkian, 1933.
ILARI, Rodolfo. *A expressão do tempo em português*. São Paulo: Contexto, 2001.
————. *Introdução ao estudo do léxico*: brincando com as palavras. São Paulo: Contexto, 2003.
PERINI, M. *Gramática do português brasileiro*. São Paulo: Parábola Editorial, 2010.
RYAN, M. Aparecida. *Conjugação dos verbos em português*: prático e eficiente. São Paulo: Ática, 1993.
TERRA, E.; NICOLA, J. de. *Verbos*: guia prático de emprego e conjugação. São Paulo: Scipione, 1994.
ZANOTTO, N. *Estrutura mórfica da língua portuguesa*. Caxias do Sul: Edunisul, 1986.

O autor

Celso Ferrarezi Junior, paulistano de nascimento, reside em Alfenas, MG. Possui Licenciatura em Letras Português/Inglês, mestrado e doutorado em Linguística com enfoque em Semântica, e pós-doutorado pela Unicamp, também em Semântica. É autor de vários livros literários e científicos, estes na área de linguagem e de educação. Escreveu mais de 200 artigos científicos e de opinião publicados no Brasil e no exterior. É professor do Instituto de Ciências Humanas e Letras da Universidade Federal de Alfenas – Unifal-MG. Tem experiência de ensino e de pesquisa na área de Linguística, com ênfase em Semântica, atuando principalmente nos seguintes temas: ensino de línguas, alfabetização, descrição e teorias semânticas da linguagem.

GRÁFICA PAYM
Tel. [11] 4392-3344
paym@graficapaym.com.br